KINDERGERICHT

KARINA LÜBKE

KINDERGERICHT

››› Eine spielerische Anwendung des Strafgesetzbuches in Erziehungsfragen

HEYNE ‹

Der Text wurde nach bestem Wissen erstellt. Autorin und Verlag übernehmen keinerlei Verantwortung für etwaige Schäden, die aus dem Befolgen der Ratschläge in diesem Buch resultieren könnten.

FSC
Mix
Produktgruppe aus vorbildlich bewirtschafteten Wäldern und anderen kontrollierten Herkünften
Zert.-Nr. SGS-COC-1940
www.fsc.org
© 1996 Forest Stewardship Council

Verlagsgruppe Random House FSC-DEU-0100
Das für dieses Buch verwendete FSC-zertifizierte Papier *Munken Premium Cream* liefert Arctic Paper Munkedals AB, Schweden.

Redaktion: Dunja Reulein

www.heyne.de
Umschlaggestaltung: Eisele Grafik-Design, München, mit Genehmigung von PLAYMOBIL. PLAYMOBIL ist eine geschützte Marke der geobra Brandstätter GmbH & Co. KG. Richterkappe nicht als Produkt verfügbar.
Layout und Innenillustrationen: Martin Baaske
Satz: Der Buch*macher*, Arthur Lenner, München
Druck und Bindung: GGP Media GmbH, Pößneck
Printed in Germany 2008

ISBN: 978-3-453-15435-3

Inhalt

Die Sitzung ist eröffnet

„I fought the law – and the law won."

(The Clash)

Meine Zuneigung zum Gesetz war bis vor Kurzem die einer zwangsverheirateten Frau ihrem alten, spießigen und unattraktiven Mann gegenüber. Deutsches Recht und deutsche Ordnung hatten meinen mürrischen Respekt, mehr nicht. Ansonsten lebten wir platonisch nebeneinanderher und kamen uns nur beim Falschparken in die Quere. Wer hätte gedacht, dass aus dieser freudlosen Beziehung ausgerechnet bei der Erziehung meiner Kinder einmal echte Zuneigung würde?

Es begann an einem endlosen, verregneten Nachmittag mit einer dieser typischen Zankereien, bei denen es um nichts, aber für die Kinder lautstark um alles ging. Vielleicht gut für die kindliche Entwicklung, aber schlecht für die Nerven der Entwicklungshelfer. Wie bei jedem Hörspiel hatte man selbst zwei Zimmer weiter die eskalierende Szene zum Ton vor Augen.

„Das ist aber meins!"

„Ist es nicht!"

„Doch, das gehört zu meiner Wikingerfestung!"

„Na und? Du brauchst es im Moment doch gar nicht!"

„Aber das gehört MIR!"

Bis hierhin hatte ich versucht wegzuhören und mir zwischen tiefen Atemzügen das heute allgemein übliche Mantra „Das müssen die unter sich ausmachen ... Das müssen die unter sich ausmachen ..." einzuflüstern. Nebenan ging das Drama weiter.

„Dann leih es mir eben."

Ich wartete angespannt.

„Nee."

„Oh Mann, du bist immer so bescheuert! Idiot!"

„AUA! AUAAA!"...

Der weitere Ablauf war so vorhersehbar wie *Dinner for One* an Silvester. Ich ließ das Restmantra fahren und stand blitzartig im Kinderzimmer. Zu den schrillen Tönen erklang nun das ebenso bekannte wie unbeliebte mütterliche Klagelied:

„Was soll denn das? Könnt ihr so etwas nicht einmal in Ruhe klären?"

„MAMA! Sie hat mich gekniffen! Guck, da!"

„Wieso hast du ihn jetzt gekniffen? Du sollst ihn doch nicht kneifen!"

„Der macht mich aber immer so wütend ... AUA! Er hat mich an den Haaren gerissen! Hast du gesehen?!“

„JA! Weil sie mich zuerst gekniffen hat!“

Ich, allgemein: „Hier wird keiner gehauen!“

„RAUS alle! RAUS aus MEINEM Zimmer!“

Der Hausfriedensbruch war perfekt. Die aufgestörte, mittlerweile mantra-, nerven- und konzeptfreie Mutter stimmte konfus den Refrain an:

„Ihr hört jetzt sofort auf damit! Verdammt, jeder von euch hat das ganze Zimmer voller Spielzeug, wieso streitet ihr denn ausgerechnet um dieses eine kleine Teil? ... Schatz, du bist doch schon so viel älter als er, du müsstest doch wirklich ... und ihr sollt euch nicht wehtun ... Ihr habt es doch so gut, warum ... Verdammt, euch geht es wohl viel zu gut!“

Welcher der vielen pädagogischen Ratgeber käme mir jetzt zu Hilfe? Kinder fordern uns heraus? Kinder brauchen Grenzen? Kinder lernen aus den Folgen? Starke Kinder brauchen starke Eltern? Das kompetente Kind? Wenn Eltern die Wut packt? Kinder brauchen böse Eltern? Mit einem Löffelchen voll Zucker?

Der Geräuschpegel schrie mittlerweile arbeitsrechtlich nach einem Gehörschutz.

„Wenn ihr groß wärt, müsstet ihr dem anderen dafür Schmerzensgeld zahlen!“, überbrüllte ich ihn. „Zuerst für die Beleidigungen, dann für die ausgerissenen Haare.“

Die plötzliche Stille war unheimlich.

Was? Erwachsene würden für Untaten auch zur Verantwortung gezogen? Die beiden schwiegen verblüfft.

Kinder empfinden sich als letztes Glied in der Nahrungskette des Rechts. Väter und Mütter scheinen ihnen alles zu dürfen, ohne Angst vor Konsequenzen. Dann kommen größere Geschwister mit größeren Rechten, und das kleinste zuletzt, entrechteter ist nur noch das Haustier. So herrscht in der Familie oft das Recht des Stärkeren, das bekanntermaßen ja „das stärkste Unrecht“ ist, wie Marie von Ebner-Eschenbach einst formulierte.

Diese altersgestaffelte Ohnmacht macht nicht nur Kinder mürrisch und aggressiv. Eine neue, demokratische Sichtweise, dass gleiches Recht oder Unrecht für alle gilt und jeder seine Position aushandeln kann, notfalls mit Mutter oder Vater als verbal geschultem Anwalt, macht hingegen kooperativ. Und trainiert ganz nebenbei die Formulierungskunst, wie ich bald merken würde; ebenso wie die Kreativität beim Erfinden geschliffener Gemeinheiten, die sich dem Tatbestand der Beleidigung knapp entziehen.

„Schmerzensgeld?“, sagte meine Tochter nachdenklich.

„Wie viel Euro?“, fragte mein Sohn interessiert.

Ich spürte die starke Schulter des Gesetzes hinter mir. Bisher hatte mich seine Dauerpräsenz belästigt; nun ließ ich mich dankbar in den Rechtsschutz seiner ausgebreiteten Arme sinken.

„Außerdem haben Eltern auch ein Recht auf ... Rücksichtnahme“, bluffte ich furchtlos. Ob das stimmte? Aber was war mit ihrem kindlichen Recht auf freie Entfaltung der Persönlichkeit? Ihrem Recht auf Eigentum und Freiheit? Und gab es dabei eine Dezibel-Grenze? Ein Anrecht auf eine persönliche Lärmschutzzone? Das Gesetz und ich sollten uns dringend besser kennenlernen.

Ab jetzt würden wir den Rechtsweg beschreiten.

Das Erste, was ich dabei lernte: „Das müssen die Kinder unter sich ausmachen“ ist bis zu einem gewissen Grad eine unterlassene pädagogische Hilfeleistung.

„Da viele Erwachsene einem falschen Erziehungsideal huldigen, das ihnen vorgaukelt, Kinder seien mündig und müssten ihre Angelegenheiten selbstständig untereinander regeln, vergessen sie, dass Kinder diese Kompetenzen erst erwerben müssen und sie als Erwachsene auf diesen mühsamen Wegen eine wichtige Begleitfunktion haben. Wer sich feige aus der Verantwortung stiehlt, der lässt sein Kind im Stich.“

(Gertrud Ennulat, Familienhandbuch)

Aufruf zur Sache:

Deutsche Familien – Alles traute Heime für Schwererziehbare?

Los, erzieht mich", forderte im Mai 2008 auf dem Titel des Magazins *Stern* ein bösartig guckender Junge, dessen liebesblind lächelnde Eltern im Hintergrund anscheinend völlig darin versagt hatten. Die Unterzeile schockte noch mehr: „Kinder wollen Regeln, Eltern ihren Frieden – Warum die Wohlfühlgesellschaft kleine Monster schafft."

Die später große Monster werden, wenn man sie nicht mit allen pädagogischen Kräften daran hindert. Aber wie?

Schreien ist jedenfalls nicht nur verpönt, sondern sogar gesetzlich verboten. Dadurch steht wahrscheinlich die Mehrheit der Eltern bereits mit einem Bein in der Illegalität.

Ja, die sogenannte schwarze Pädagogik, die per Ohrfeige, Kopfnuss, Ohrreißen und Rohrstock brutal das Recht des Stärkeren ausübte, ist zu Recht verdammt und mit den 68ern aus deutschen Kinder- und Klassenzimmern verschwunden. Das „Züchtigungsrecht des Kindes“ wurde im Jahr 2000 durch eine Änderung im Bürgerlichen Gesetzbuch (BGB) abgeschafft, seitdem herrscht das „Recht des Kindes auf gewaltfreie Erziehung“. Leider ohne den Eltern bei ihrem oft harten, unkündbaren Job der Erziehungsarbeit außer dem „stillen Stuhl“ (eine Art bequemeres In-der-Ecke-Stehen), allabendlicher Abrechnung lachender oder trauriger Smileys bei Dauerbeobachtung (aufwendiger als die Mitarbeiter-Überwachung von Lidl), Valium und Ratlosigkeit aktuelle Alternativen anzubieten. Die berühmte „Familienkonferenz“ ist ein schöner Ansatz aus den 70er-Jahren; doch was, wenn Kinder sich kindisch benehmen und im kritischen Moment einfach nicht konferieren, geschweige denn kooperieren wollen? Wenn dabei selbst optimal formulierte „Ich-Botschaften“ wie „Das finde ich von dir immer total besch... mmmh, ich meine, ICH fühle mich durch dein Verhalten gerade sehr verletzt!“ von den kleinen Monstern lässig mit „Dein Problem!“ zurückgeschmettert werden? Die Kinder der 68er mögen ja vor lauter Überraschung über die neue Möglichkeit der Mitbestimmung begeistert diskutiert haben – DDR-Bürger haben sich am Anfang ihrer grenzlosen Freiheit ja auch noch über Bananen gefreut. Aber heute, wo sich Eltern sowieso überwiegend nach ihren Kindern richten, statt über sie zu richten, sind diese über einen Nachmittag

Familienkonferenz statt Playstation so glücklich wie Männer, deren Frauen ankündigen, sie „müssten mal wieder reden".

Während die Rechte von Kindern immer breiter postuliert werden, scheinen die ihrer Eltern immer weiter zu schrumpfen: das Recht auf Schlaf, auf Ruhe, auf ein NEIN, das nicht ausdiskutiert werden muss. Die „Diktatur der Unschuldigen" war auch dem *Spiegel* eine Gruselgeschichte wert.

Früher gab es die autoritäre Erziehung, dann die antiautoritäre. Heute schwanken Eltern zwischen beiden Polen je nach Stimmung, Tageszeit und Situation hin und her. Übersetzt aufs Essverhalten würde das bedeuten: Autoritäre Erziehung war seelische Magersucht, antiautoritäre Erziehung dagegen Fresssucht – beides Fehlverhalten, die in ihrer zerstörerischen Auswirkung auch äußerlich zu erkennen waren. Nun herrscht ein bulimisches Erziehungsverhalten, das zwischen unkontrolliertem Umschlingen und Sichauskotzen wechselt, dabei aber möglichst die äußere Form wahrt.

Immer mehr „Erziehungsberechtigte" fühlen sich dauerhaft in ihren eigenen Grundrechten verletzt, meinen aber verschämt, kein Recht auf sie zu haben. Reden nie darüber, weil sie den Fisherman's-Friend-Slogan auf ihre Kinder beziehen: „Sind sie zu stark, bist du zu schwach."

Wie glücklich jeder ist, zu Besuch bei Freunden anhören zu dürfen, wie sich deren Kinder lautstark streiten, mit etwas Glück sogar noch hauen! Zu sehen, wie bei allen Erwachsenen die Maske des lässigen, modernen Elterntums fällt und darunter ratlose, wütende, verlegene Gesichter hervorkommen.

Doch kaum einer klagt, aus Angst, sich der „emotionalen Erpressung" oder der lächerlichen „Opferrolle" schuldig zu machen. Gibt sich einfach noch mehr Mühe, Tag und Nacht geduldig und einfühlsam zu sein, in der Hoffnung, irgendwann würde das gereifte Kind alle Mühe anerkennen und durch sein Verhalten lohnen. Vielleicht später ... spätestens, wenn es selber Kinder hat. Aber vorerst denkt das Kind nicht daran. Das weckt bei den Eltern, wie bei jedem dauerhaft Frustrierten, Aggressionen. Die sich dann irgendwann in Schreierei entladen – oder Schlimmerem.

Kinderpsychologe Dr. Michael Winterhoff, der mit seinem Buch *Warum unsere Kinder Tyrannen werden* trotz des klobigen Schreibstils einen Bestseller in den Herzen vieler unterjochter Eltern landete, erlebt in seiner Praxis seit einiger Zeit verzweifelte Mütter, die nach endlosen erfolglosen und kraftraubenden Erziehungsversuchen plötzlich ausrasten und dem undankbaren Nachwuchs eine runterhauen – natürlich ohne damit etwas zu ändern, außer sich noch elender und inkompetenter zu fühlen. Konnte man laut Winterhoff früher davon ausgehen, dass Eltern, die ihre Kinder schlagen, selber geschlagene Kinder waren, sind es heute immer häufiger besonders bemühte Eltern, die sich immer mehr und ihren Kindern immer weniger zumuten. Die alles ausdiskutieren, tauben Ohren predigen, bis ihnen die Sicherungen durchbrennen und sie sich ins Unrecht setzen.

Schon eine negative Wortwahl für falsches Verhalten bei Kindern sei mittlerweile verpönt. Dr. Winterhoff, der seit 15 Jahren eine eigene Praxis betreibt, berichtet, vor zehn Jahren hätten Eltern noch geklagt, ihr Kind würde lügen, klauen oder nicht hören. Danach habe es hauptsächlich Eltern gegeben, „die hatten die Diagnose schon fertig, wenn sie in die Praxis kamen“. Heute allerdings kämen ratlose Eltern zu ihm, „die sehen das wahre Problem gar nicht, die erachten es als normal, dass das Kind nicht hört“.

Fehlendes Sozialverhalten werde nicht korrigiert, sondern als „starkes Selbstbewusstsein" geschönt. Für die Kinder habe das ebenso negative Folgen: Es bestehe die Gefahr der Fehlentwicklung in Richtung Kriminalität, Drogenkonsum oder „Frührentnertum". Angesichts der dramatischen Zunahme solcher Fälle warnt Winterhoff: „Wir verlieren einen großen Teil einer ganzen Generation." Leider kann und will Dr. Winterhoff abschließend keine praxistauglichen Ratschläge geben: „Niemandem ist damit gedient, sich einer vermeintlich simplen Lösungsstrategie für ein Problem zu bedienen, wenn er die Hintergründe und Grundlagen nicht verstanden hat (...) Das ist ein Prozess, an dem jeder einzelne Betroffene sich aktiv beteiligen muss." Schöne letzte Worte, wobei der Autor selber vorher diagnostiziert hat, viele Erzieher würden sich bereits überaktiv bis zur Erschöpfung bemühen. Müden Eltern wäre sicher auch mit einer simplen Lösungsstrategie gedient, solange diese in die richtige Richtung führt und die gewünschten Ergebnisse zeigt. Die geforderten Hintergründe und Grundlagen kann man währenddessen ja immer noch reflektieren. Ein guter Arzt verschreibt schließlich auch erst mal Medikamente, damit der Patient sich besser fühlt, während er die Ursachen seiner Krankheit bedenkt.

Wie und auf welcher Basis also diszipliniert man seine geliebten Terroristen heutzutage, wenn bei alltäglichen Konflikten der gute Wille zum pädagogisch wertvollen Gespräch auf beiden Seiten fehlt?

Die Zeit der ungeschriebenen Gesetze, die jeder Bürger „instinktiv" befolgte, die in Wirklichkeit aber streng autoritär reglementiert war, ist vorbei. Weder Angst vor der Bestrafung durch Gott oder Könige noch die schlimmste

Sorge vor mitmenschlicher Ächtung ist in unserer globalisierten, multikulturellen und hochtechnisierten Welt noch ein Grund, sich sozialverträglich und gesetzeskonform zu verhalten: Gott sei Dank. Und leider. Der Satz „Das macht man einfach nicht!“, der Kindern noch vor einer Generation erfolgreich unerwünschtes Verhalten untersagte, ist heute ein Lacherfolg. Wer ist schon *man*? Warum machte *man* das nicht? *Man* ist lange tot, ausgestorben. Statt des kollektiven *man* heißt es heute: „Wer bin ich und wenn ja, wie viele?“ Aber wenn Eltern schon selber Identitätsprobleme haben, woher sollen sie dann die Sicherheit nehmen, zu welchen Menschen die Kinder zu erziehen sind? Und für welche Zukunft? „Aus dir soll mal was werden“ – Ja, was denn? – Ja, was willst du denn?

„Kinder mit ’nem Willen, die kriegen was auf die Brillen.“ Der böse, aber vor einer Generation absolut übliche gesellschaftliche Satz hat sich ins Gegenteil verkehrt. Die grundlegende Frage ist heute: Was will das Kind? Und wenn es etwas will, hat es nicht ein Recht darauf, wegen seines „Anspruchs auf altersgemäße Entwicklung“? Kinder wollen prinzipiell alles, was Spaß macht. Sie brauchen aber auch Eltern und keine Erziehungswissenschaftler. Eltern, die sie bedingungslos lieben, aber ein Eigenleben haben und dessen Grenzen vor den Übergriffen ihrer Kinder schützen. Die damit den Respekt einfordern, den sie ihren Kindern üblicherweise entgegenbringen. Die Sorgeberechtigung berechtigt Eltern schließlich nicht nur, sich ständig Sorgen um das Wohl der lieben Kleinen zu machen, sondern auch, für deren langfristiges Wohl „angemessene Maßnahmen“ zur Erziehung zu ergreifen. Es ist sogar ihre Pflicht. Spätestens da beginnt wieder die Grübelei: Was ist schon „angemessen“? Schwankt das nicht von Land zu Land, Kultur zu

Kultur, Gesellschaftsschicht zu Gesellschaftsschicht? Und ist es nicht auch abhängig von der eigenen Verfassung, vom Morgen zum Abend, von Mamas Meinung zu Papas? Und das verstärkt die dauernde Unsicherheit: Wer gibt mir das Recht, meinem Kind etwas zu befehlen?

Nach dem autoritären Befehlston der Nazis, der in Kombination mit einem obrigkeitshörigen Volk in die Katastrophe führte, ist das eine typisch deutsche Angst. Die deutsche, in Paris lebende und erziehende Journalistin Tanja Kuchenbecker schreibt in ihrem Buch *Gluckenmafia gegen Karrierehühner*: „Lang und breit wird in Deutschland diskutiert, was ‚kindgerecht' oder kindergerecht ist, typisch deutsche Begriffe, die in Frankreich gar nicht benutzt werden. Es zeigt, dass sich die Welt um die Kinder dreht, ihre Bedürfnisse haben eindeutig Vorrang. Nie ist dabei die Rede vom Wohl der Eltern. Was ist denn elterngerecht? Danach wird nicht gefragt."

Und deshalb schieben deutsche Eltern beim Spaziergang mit kinderlosen Freunden die Karre vor sich her und tragen ihren brüllenden Dreijährigen auf dem Arm, obwohl er ihnen dabei wiederholt ins Gesicht haut: „Ach, der arme Jonas macht gerade einen Wachstumsschub durch, gerade da braucht er körperliche Nähe und Verständnis!" Die kinderlosen Freunde nicken verständnisvoll, bleiben etwas zurück, und der Mann raunt seiner Frau schaudernd ins Ohr: „Nimmst du auch wirklich regelmäßig die Pille?" Jeder kennt Kinder, die empfängnisverhütend wirken: Solche, die ihren Eltern und allen anderen Restaurantbesuchern das Essen verderben, weil sie ungebremst kreischend um die Tische jagen. Die im Supermarkt knallrot brüllend und um sich tretend Süßigkeiten erpressen. Nein, so hat man sich das nicht vorgestellt. So macht es keinen Spaß, der Erwachsene zu sein. Da hatten es die Eltern früher viel besser.

Unwissenheit schützt vor Strafe, nicht?

Die jetzige Rentnergeneration bekam ihre Kinder noch in aller Unschuld groß. Egal, ob diese, nun selber Eltern, rückwirkend klagen, man sei nie allergieverhütend nach Bedarf gestillt worden („Es gab eben damals nur alle vier Stunden die Flasche!“), nicht vor Sonnenbränden geschützt („Gut, aber nach ein paar Tagen warst du schön braun!“), hätte den Jägerzaun jährlich mit giftigen Holzschutzmitteln streichen müssen („Ach, das war doch an der frischen Luft“) oder hätte statt einer früh einsetzenden, ganzheitlichen kieferorthopädischen Behandlung einfach vier Backenzähne gezogen bekommen, die Rechtfertigung der Eltern ist immer die gleiche:

1. Das machte man damals halt so.
2. Das hat man damals doch nicht gewusst.

Kein Vorsatz – ergo keine Schuld. Falls später doch Klagen kommen sollten, ist die Schuld sowieso verjährt. Doch mit Informationsmangel werden sich die engagierten Sorgeberechtigten von heute später nicht herausreden können, im Gegenteil: Wir leiden unter einem Übermaß an Informationen, immer in der Angst, eine neue, überlebenswichtige Erkenntnis zu verpassen. Schuld zu sein, wenn das Kind, oft das einzige, krank, unglücklich oder erfolglos wird. Gut gemeint reicht da nicht mehr aus.

Doch die Informationsflut verdoppelt sich alle sechs Monate. Man versucht darauf zu den fernen Stränden der Gewissheit zu surfen, hat aber zu viel damit zu tun, seinen Kopf über Wasser zu halten. Die Heilslehre von gestern

ist oft die Idiotie von morgen. Grüner Tee, der jahrelang keinesfalls mit über 70 Grad heißem Wasser verbrüht werden durfte, soll plötzlich doch lieber kochend aufgegossen werden, um eventuelle Keime abzutöten. Man kann tatsächlich nicht nur zu wenig, sondern auch zu viel Wasser trinken. Und Babyschwimmen in Chlorsmog von Hallen, lange als Nonplusultra frühkindlicher Entwicklung gepriesen, ist nach neuen Informationen gar nicht gut für zarte Atemwege und Haut. Willkommen im Zeitalter der Dinge, die falsch gemacht werden können. Und die wir trotzdem glauben durch das „richtige" Verhalten steuern zu können. Wenn man nur wüsste, was das ist. Und wo im Internet was dazu steht.

Die Eltern von heute sind hauptsächlich Kinder der 60er- und 70er-Jahre. Sie mussten außer in Beziehungen keine Kriegserfahrungen machen. Die Renten waren sicher, die Positionen im Erwachsenenleben auch. Das Yuppie-Ideal des „schöner, reicher, schneller, weiter" hat ihr junges Erwachsenenleben in den 80ern sozialisiert. Die Ansprüche an sich und den entsprechenden Lebensstil waren hoch, ihre Religion der Glaube an Ursache und Wirkung, die Planbarkeit des Lebens. Die wichtigen Schlüsselwörter des ausgehenden Jahrtausends begannen deshalb fast alle mit „selbst": Selbsterfahrung, Selbstbewusstsein, Selbstverwirklichung. Firmen hießen etwa „Me, Myself and eye". Heute ist man eine Ich-AG. Es gibt niemanden mehr, den man für ein Versagen verantwortlich machen kann. Nicht die „schlimme Zeit", nicht das Schicksal, keinen Gott. Höchstens allgemein „die Gesellschaft", „die Eltern". Man ist voll verantwortlich. Der Vorteil: Man kann alleine alles schaffen, wenn man nur will und sich anstrengt. Der Nachteil: Man ist selbst an allem schuld.

Kinder waren bis zur Entdeckung der Pille nicht selbstbestimmt geplant, sondern die mehr oder weniger erwünschte Folge von Sex. Heute werden sie vom deutschen Bildungsbürgertum nur noch selten passiv „gekriegt“, sie werden bewusst gemacht. Verkörperte Selbsterfahrung, am liebsten ein Mädchen für Mama und einen Jungen für Papa. Junge Mütter optimieren sorgfältig das Sternzeichen für ein Geschwisterkind zu ihrer kleinen Waage. So schaut man auch nicht lange guter Hoffnung, was man bekommt, sondern entwickelt sein „Bioprodukt“ bis zur internationalen Marktreife weiter.

Dabei haben viele Untersuchungen ergeben, dass Intelligenz keine Garantie für Glück und Erfolg ist, und geringere Intelligenz durch ein Mehr an Wissen ausgeglichen werden kann. Um sich dieses Wissen allerdings systematisch anzueignen, bedarf es der „Fähigkeit zur Selbstregulation“, dazu gehören Spielverderber wie Belohnungsaufschub, Frustrationstoleranz und Kontrolle der eigenen Emotionen (nicht Verleugnung und Verdrängung!). Diese Fähigkeiten werden in den ersten Lebensjahren entscheidend geprägt. Im Familienleben mit mehreren Kindern ergeben sich solche sozialen Anforderungen nebenbei. Aber der Trend zum Einzelkind nimmt immer noch zu. Umso wichtiger, dass da der Umgang mit den Grenzen und Konsequenzen persönlicher Freiheit immer weiter erlernt wird.

Es ist ein Trugschluss, dass auf erfolgreichen reformpädagogischen Schulen alles erlaubt ist. Eine der ersten und berühmtesten selbst verwalteten Schulen, die auch heute noch erfolgreich existiert, ist die Demokratische Schule Summerhill in Suffolk, England. Zoe Readhead, Leiterin und Tochter des legendären Gründers A. S. Neill, schreibt dazu auf der Homepage der Schule: „Unsere Schulversammlungen finden viermal die Woche statt. Hier den Vorsitz zu führen ist eine schwierige Sache. Obwohl niemand wirklich unkooperativ ist, ist es eine anspruchsvolle Aufgabe, etwa 70 Leute verschiedenster Altersstufen dazu zu bringen, eine gute Stunde lang still zusammenzusitzen. Die Person, die den Vorsitz führt, hat dabei die ultimative Macht! Wer lärmt, kann bestraft oder hinausgeworfen werden. Es ist eine merkwürdig formelle Veranstaltung, und Besucher haben schon oft angemerkt, dass es dabei ordentlicher zugeht als im House of Commons!"

Ein hohes Maß an Freiheit setzt also ein hohes Maß an Disziplin voraus. Damit Kinder diese ausbilden, müssen Eltern zum späteren Wohle des Kindes aushalten können, ihren Liebling auch mal zu frustrieren. Das Kind traurig oder wütend zu sehen, vor allem auch wütend auf einen selber. Enttäuscht. Und dann als mitfühlender Coach in der Nähe zu bleiben, während es lernt, mit seinen Problemen umzugehen. So erwirbt es seine Kompetenz zum „Selbstmanagement". Jemandem, der gerade mit einem Kreuzworträtsel begonnen hat, einfach vorab die Auflösung zu zeigen, ist auch nicht hilfreich, selbst wenn es lieb gemeint war.

Liebe lebenslänglich

Kinder zu haben bedeutet heute in Deutschland private Liebhaberei. Die Kosten sind hoch, aber der emotionale Mehrwert ist unschätzbar. Während mit zunehmender finanzieller Unabhängigkeit voneinander die Liebe als Bindemittel zwischen Mann und Frau immer höher idealisiert wird, scheitert sie in der Realität immer öfter. Jede zweite Ehe in der Großstadt wird geschieden. Und während man sich im Laufe seiner *Sex-and-the-City*-Jahre immer desillusionierter ver- und entliebt, bekommt man plötzlich ein Kind. Und fühlt zum ersten Mal wirklich bedingungslose, lebenslängliche Liebe in einer kaum aushaltbaren Intensität. Das Kind, noch ohne Eigensinn, wird zum Sinnstifter. Zur kreativen Selbstverwirklichung.

„Mini-Me" nennen amerikanische Mütter stolz ihr Töchterchen, mit dem sie im gleichen Look unterwegs sind. Das Kind als Selbsterweiterung. Man möchte wenigstens diese eine wahre Liebesbeziehung seines Lebens ohne Schatten und Differenzen genießen, die emotionale Innenwelt als gerechten Ausgleich zur zunehmend als bedrohlich empfundenen, verwirrenden und lieblosen Außenwelt. Germany's Next Top-Mummies sind mit retuschierten Vorbildern groß geworden, mit Werbung, MTV-Clips. Der eigene Familienfilm wird entsprechend als Idylle inszeniert, als Streichelwiese. Man wird süchtig nach diesem strahlenden Glück, für das man ursächlich ist. Zuerst, wenn Mama einfach in Babys Sichtfeld tritt, später dann, wenn sie die ersehnten Legoritter/Computerspiele/Handys hervorzaubert. Dem Kind alles zu geben bringt als Gegenleistung dieses „Mama ist die Beste"-Selbstwertgefühl, das heute so wackelig ist. Und das durch ein böses Wort umfallen könnte. Stattdessen versuchen deutsche Eltern hilflos, durch ausführliche Erklärungen zu überzeugen.

Obwohl die Mehrzahl aller Erziehungsbücher rät, man solle standhaft und konsequent bleiben (im Englischen gibt es dafür den schönen Begriff „tough love"), fühlen sich Eltern heute nicht mehr dazu berechtigt, Forderungen, die „keinen Spaß machen", durchzusetzen; entsprechend lasch wird es dann auch versucht. Aufgrund welcher Autorität auch? Dass sie deutlich älter sind, ist eher unangenehm: Leitkultur ist die schöne Jugend. Viele lassen sich deshalb nicht Mami oder Papi, sondern bei ihren Vornamen rufen. Denn vor allem wollen Eltern heute von ihren Kindern geliebt werden. Mütter konnten dafür früher mit den Vätern das alte „Good guy, bad guy" spielen: Warte, bis Vater nach Hause kommt! Das heißt, Mutter konnte weiterhin geliebt werden, alle negativen Reaktionen musste dann Vater tragen, dessen Selbstbild das nicht beeinträchtigte. Mutter konnte ja im Anschluss wieder trösten. Aber auf wen soll man es heute schieben? Warum nicht einfach auf das Gesetz? Wie viel angenehmer und eindrucksvoller als das übliche Bitten und Herumjammern ist es, dem vierzehnjährigen Sohn in seinem Zimmer das Trinken von Alkohol zu verbieten und zu begründen: „Es ist gesetzlich verboten; wenn ich euch das erlaube, mache ich mich strafbar. Und wenn die Eltern deines Freundes dir Alkohol geben, sind die auch dran. Solltest du noch einmal besoffen von denen nach Hause kommen, kann ich sie anzeigen!"

Dieses Buch ist nicht für Menschen, die ihre Kinder körperlich, emotional oder sonst wie misshandeln. Es geht hier um das Gros liebender, gutwilliger, pädagogisch verantwortungsbewusster Eltern, die im Normalfall das Wohl ihrer Kinder über ihr eigenes stellen und denen als schlimmste Strafe eine Woche Nintendo-Verbot einfällt.

Etwas liebevoll auszudiskutieren ist sicher richtig, wenn es um die Wahl der weiterführenden Schule geht oder ob das Kind lieber Yoga, Ballett oder Karate machen möchte. Viele Eltern überschätzen allerdings von Anfang an die Fähigkeiten ihres Kindes – schon der Säugling scheint kompetenter als sie selber – und treiben später Kleinkinder in den Wahnsinn, wenn sie mit ihnen unter dem Diktat der „Selbstbestimmung“ alle Vor-und Nachteile einer Eissorte diskutieren oder die verschiedensten Kombinationsmöglichkeiten von Kleidungsstücken, um dem überforderten Kind schließlich mit einem einvernehmlichen „das musst du jetzt selber wissen“ nervlich den Rest zu geben, dabei selber aber pädagogisch wertvoll dazustehen.

Nur wenige Eltern haben den Mut oder die Selbstsicherheit, der „Bestimmer“ zu sein. Falls der Termin beim Kinderarzt drängt, das Kind aber ganz selbstbestimmt mit dem linken Schuh am rechten Fuß seit zehn Minuten versucht, eine Schleife zu binden, ist es ein legaler Akt von Notwehr, dem „geborenen Forscher“ trotz Protest schnell zwei flinke Doppelschleifen aufzuzwingen. Das ist die gute Nachricht von Erziehungsguru Jesper Juul an die Eltern: „Zwanzig Fehler am Tag zu machen ist total in Ordnung. Wenn die Beziehung stimmt, wenn das Verhältnis von Liebe und Respekt geprägt ist, kann im Grunde nichts schiefgegen.“ Und der berühmte Schweizer Pädiater Dr. Remo Largo (*Tagebuch eines Babys*) tröstet: „Die Natur rechnet nicht mit perfekten Eltern.“ Im Gegensatz zu den Eltern selber.

Trotzdem, was tun, wenn man sein Kind achtet, aber das Kind einen dafür ächtet? Und wo man noch nicht mal mehr mit „Strafe“ drohen, geschweige denn eine folgen lassen darf, sondern höchstens eine „Konsequenz“? Wo zudem jede Konsequenz in direktem Zusammenhang mit der Tat stehen muss, kindliche Untaten allerdings oft derartig unsinnig und unlogisch sind, dass einem auf die Schnelle keine entsprechende Konsequenz einfallen will? Denn „zeitnah“, wie es heute heißt, soll die Konsequenz auch erfolgen, damit das Kind sie in Beziehung zur Untat setzen kann. Außerdem soll man nicht nur mit Worten erziehen, sondern immer ein gutes Vorbild abgeben. Tag und Nacht durch kleine Brüder und Schwestern observiert zu werden, die sich über die Ergebnisse keine Schweigepflicht gegenüber Freunden und Fremden auferlegen, kann nervenaufreibender sein als die Teilnahme bei *Big Brother*.

Und das sind nur die pädagogischen Basics.

Auf Dauer wird es dann richtig anstrengend: Sollen nämlich all die Smileys und Auszeiten optimal wirken, dann müssen sie konsequent angewendet und durchgezogen werden. Immer das Gleiche, bestmöglich ohne Ausnahme. Aber nach außen gleichmütig das Herzrasen ignorieren, falls das Kind dann heult: „Du bist voll UN-GE-REEECHT!" Beide Eltern sollten sich zudem stets über das erzieherische Ziel und Vorgehen einig sein, wobei sich Eltern oft nicht mal konfliktfrei über die Käsesorte beim Wochenendeinkauf einigen können.

Doch nur durch Konsequenz und stete Wiederholungen, mahnt die Neurologie, könnten Kinder lernen. Warum aber singen Fischerchöre von Müttern dann täglich verhasste Evergreens wie „Häng bitte deine Jacke auf!" oder „Nimm nach der Schule bitte das alte Brot aus dem Ranzen", ohne dass die entsprechende Handlung erfolgen würde, ja, sich gar ohne Anweisung verselbstständigte?

Und dabei immer diese Rechtsunsicherheit. Gibt es einen Anspruch darauf, dass das Kind auf seine Kleidung achtet, seinen Schulranzen in Ordnung hält? Wenn ja, ab welchem Alter? Kann eine Forderung auch Förderung sein? Oder ist man damit schon ein autoritärer Spießer des deutschen Neo-Biedermeiers? Wie ernst zu nehmen sind Essmanieren jenseits des Kleinkindalters, bei denen allen anderen der Appetit vergeht? Jeder möchte wohlerzogene Kinder haben, aber wenn einem jemand sagt, man hätte wohlerzogene

Kinder, kommt die Panik, alles falsch gemacht zu haben: Wohlerzogen, heißt das jetzt total angepasst? Dressiert?

So fragt auch verunsichert Vanessa Z. aus Berne in der *Hamburger Morgenpost* den Erziehungsratgeber Prof. Dr. Peter Struck: „Das Zimmer meines Sohnes sieht meistens aus, als hätte eine Bombe eingeschlagen. Appelle aufzuräumen fruchten meist bei ihm nicht. Andererseits ist er ein liebenswerter Bursche und durchaus intelligent, aber seine Schulnoten sind nicht gut. Stimmt es, wenn man hört, kreative Genies dürfen chaotisch sein?"

Klarer Fall, die Mutter „appelliert", der Sohn, gerade weil „durchaus intelligent", ignoriert, und die Mutter versucht sich ihre Niederlage schönzureden. Doch Prof. Dr. Struck antwortet: „Der Bielefelder Forscher Dr. Klaus Hurrelmann hat in seiner World-Vision-Studie festgestellt, dass Kinder, die mit einer festen, stets sich wiederholenden Tagesstruktur aufwachsen, sich nicht nur geborgener fühlen, sondern auch bessere Schulleistungen bringen. Und die Hirnforscher sagen uns (...) dass Lernen sich ereignet, indem sich die grauen Zellen im Hirn zu festen Strukturen anordnen. Die festen Strukturen nachhaltigen Lernens brauchen äußere Ordnung, fein komponierte Pausen, also Rhythmisierung, und im Schnitt **sechsfache Wiederholung**, weil sonst die Ordnung der grauen Zellen im Hirn noch nicht abgeschlossen ist. Klare Strukturen im Hirn setzen also äußere Ordnung voraus."

Da muss Vanessa Z. wohl mit ihrem kreativen Genie noch mal in den Ring steigen.

Also, die nächste Regel. Jede Anweisung mindestens sechsmal wiederholen! Nicht vor dem fünften Mal zusammenbrechen, nicht schon beim dritten Mal explodieren! Und keinesfalls brüllen, das ist ... aber das hatten wir ja schon.

Kein Wunder, dass die Geburtenrate weiter abstürzt. Kinderlose Freunde von Eltern, die deren Liebe nicht nachfühlen können, sehen deshalb auch hauptsächlich Nachteile am Familienleben. Wer finanziell, intellektuell und gesellschaftlich die Wahl hat, entscheidet sich oft gegen die Einschränkung seiner persönlichen Freiheit. Das wäre auch das Beste, wenn einem sein Leben lieb ist, schreibt die französische Autorin und zweifache Mutter Corinne Maier mit ihrer hemmungslos kinderfeindlichen Kampfschrift *No Kid* und nennt 40 Gründe, das Ticken der biologischen Uhr zu überhören: „Warum sich für eine künftige Randgestalt der Gesellschaft den Arsch aufreißen?"

Das Buch ist ein Bestseller.

Die Frage, ob man die Entwicklung seiner geliebten Kinder zu gesellschaftlichen Randfiguren nicht erzieherisch beeinflussen kann, vielleicht sogar ohne sich den Arsch aufzureißen, scheint sich gar nicht mehr zu stellen.

Wenn überhaupt, scheint die nächste Generation heute nur gelingen zu können, wenn Eltern dafür zwanzig Jahre lang ihre Persönlichkeit, die eigenen Bedürfnisse und Emotionen verleugnen. Oder Fachpersonal wie Kindermädchen und Au-pairs einstellen, um sich so erleichtert wie frustriert auf ein Berufsfeld ohne emotionale Tretminen zurückzuziehen. Da bekommt man bei übersichtlicher Arbeitseinteilung mehr Erfolgserlebnisse garantiert, von der finanziellen Gratifikation ganz zu schweigen. Einen Computer zu konfigurieren scheint gegen das zeitgemäße Programmieren und permanente Updaten des Kindes harmlos.

Was könnte nun aber eine machbare, zeitgemäße Erziehung sein? Dürfen Eltern sich höchstens entscheiden zwischen gewaltfreier Hilflosigkeit mit gelegentlichem Losbrüllen und dem Rückschritt zu Willkür, Furcht, Gewalt und Unterdrückung?

Nein.

Sie können sich in den üblichen Alltagskonflikten auch einfach, demokratisch und überzeugend an eine spielerische Anwendung des deutschen Strafgesetzbuches halten: Warum sollte man aus dem Wust von Erziehungskonzepten nicht gleich ein praxistaugliches nehmen, das mitwächst und sich später bei Jugendlichen weiterhin anwenden lässt, wenn diese fürs „Smiley"-Sammeln höchstens ein müdes Lächeln übrig haben? Und dessen Grundwissen später im Erwachsenenleben schlagartig vorausgesetzt wird? Lieber einen langen als kurzen Prozess machen.

Wer will Haue?

Denn aus dieser allgemeinen Hilflosigkeit oder wegen des vermeintlichen Mangels an Alternativen werden auch in der Politik Stimmen laut, den Eltern wieder ein Züchtigungsrecht einzuräumen, das in Deutschland seit 1973 verboten ist.

Laut *Berliner Tagesspiegel* hat der Oberste Gerichtshof Portugals bereits 2006 entschieden, dass „die maßvolle körperliche Bestrafung eines Kindes Teil des elterlichen Erziehungsrechtes" sei. Der kanadische Oberste Gerichtshof entschied 2004, Eltern könnte die körperliche Bestrafung ihrer Kinder nicht qua Gesetz verboten werden, solange die Bestrafung „vernünftig" („reasonable") sei und „nicht im Zorn" erfolge. (Allerdings – wann sonst? Körperverletzung im Affekt wird doch auch weniger streng bewertet als ein kalt geplanter Angriff.) In Großbritannien wurde das Schlagen von Schülern erst 1998 an allen Schulen verboten. Ein

Anhang zum britischen Kinderschutzgesetz, welcher das Schlagen von Kindern generell verbieten sollte, wurde 2004 im House of Commons abgelehnt. Ob es bei dieser pädagogischen Prägung Zufall ist, dass die Vorliebe erwachsener Briten für skurrile sexuelle Praktiken mit dem Schwerpunkt „Spanking“ berühmt ist?

Und auch in Deutschland herrschen neuerdings wieder regressive bis reaktionäre Töne; besonders schief blies unlängst Eva Herman in dieses Horn, die am liebsten Hitlers „heile“ Familienwelt wiederhaben will.

In der wenig freizügigen, geschlossenen Gesellschaft ab Mitte des 19. Jahrhunderts entstanden zur Kindererziehung „lustige Warn- und Strafgeschichten“. Diese zeitgenössischen Comics drohten in bunten Bildern und lustigen Versen mit grausamen Strafen für kindliches Fehlverhalten. Immer wurde von einem bösen oder neugierigen Kind berichtet, das elterlichen Verboten trotzt und dafür schlimme Verletzungen oder gar den Tod erleidet. In dem Buch *Struwwelpeter* (1845) sind wohl die grausamsten Geschichten versammelt. Zum Beispiel die vom „armen Paulinchen“, das gegen Vaters Verbot zündelt: „Doch weh! Die Flamme fasst das Kleid, die Schürze brennt; es leuchtet weit. Es brennt die Hand, es brennt das Haar, es brennt das ganze Kind sogar.“

Oder von Konrad, dem unverbesserlichen Daumenlutscher, dem dafür ein Stephen-King-mäßiger Schneider beide Daumen abschneidet: „Weh! Jetzt geht es klipp und klapp, mit der Scher’ die Daumen ab, mit der großen scharfen Scher’! Hei! Da schreit der Konrad sehr.“

Nicht zu vergessen den Klassiker aller Schwerererziehbaren: Die bösen Buben Max und Moritz werden für ihre „Streiche“ in Müllers Mühle geschrotet, an die Enten verfüttert und alle freuen sich. Unmenschliche Selbstjustiz statt Ergotherapie für zwei minderjährige ADS-Fälle!

Der Karlsruher Rechtsanwalt Hannes Linke befasste sich rechtlich mit den schweren Jungs. Was ihr Zeichner Wilhelm Busch als Streiche titulierte, seien eigentlich Straftaten. Doch da Max und Moritz Kinder wären, würden sie wohl heute straffrei ausgehen, mit der Empfehlung an die Eltern, doch mal einen Kinderpsychologen aufzusuchen. Sollten die beiden Jungs jedoch das vierzehnte Lebensjahr vollendet haben, wären sie strafmündig: „Die gemeuchelten Hühner der Witwe Bolte? Sachbeschädigung in Tateinheit mit dem Verstoß gegen das Tierschutzgesetz!" Die angesägte Brücke, die dem Schneider Böck zum Verhängnis wird? „Sachbeschädigung und gefährliche Körperverletzung mittels eines hinterlistigen Überfalls. Und dann noch gemeinschaftlich ausgeübt! Das kann bis zu zehn Jahre Freiheitsstrafe bedeuten!" Am übelsten trifft es Lehrer Lämpel, dessen Pfeife Max und Moritz mit Schwarzpulver statt Tabak füllen: „Rums! Da geht die Pfeife los, mit Getöse schrecklich groß!" „Aus meiner Sicht ist das der schlimmste Fall", kommentiert Rechtsanwalt Linke ernst: „Herbeileitung einer Sprengstoffexplosion in Tateinheit mit gefährlicher Körperverletzung und Sachbeschädigung kämen hier wohl zur Anklage. Alleine für die Explosion gäbe es mindestens ein Jahr Freiheitsstrafe, schlimmstenfalls wären es 15 Jahre."

Allerdings bekämen die Mörder von Max und Moritz für ihre gemeinschaftliche Selbstjustiz lebenslänglich.

Etliche pädagogisch fragwürdige Strafen gab es auch in der jüngeren Kinderliteratur und in Kinderfilmen: Astrid Lindgrens hyperaktiver Michel wird fast täglich im Schuppen eingesperrt und schnitzt dabei Hunderte von Holzmännchen (*Michel muss mehr Männchen machen*); bei *Matilda* von

Roald Dahl sperrt Direktorin Fräulein Knüppelkuh Schüler in den „Luftabschneider“, eine Art eiserner Jungfrau; *Der kleine Nick* bekommt von seiner Mama ab und an „was hintendrauf gezimmert“; bei den *Wilden Kerlen* wird der Fußball einkassiert und Hausarrest verhängt. Filme mit der gesetzlosen Pippi Langstrumpf bekamen übrigens in den braven 60er-Jahren erst eine FSK-Freigabe ab sechs Jahren, damit Kleinkinder nicht moralisch gefährdet würden oder gar ihrem sträflich schlechten Beispiel folgten.

Dabei lässt heutzutage bereits der Begriff „Strafe“ Eltern angstvoll zurückscheuen. Für den Untertitel dieses Buches wurde lange überlegt, es statt „Strafgesetzbuch“ abschwächend lieber Konsequenzgesetzbuch oder Sanktionsgesetzbuch zu nennen. Um Eltern nicht zu schrecken, die ihre Kinder nicht schrecken wollen. Und deshalb, laut aktuellem Ratgebertenor, gerade nicht nur einen Schrecken der Straße, sondern den Schrecken einer ganzen Gesellschaft großziehen – ohne Mut, sie dabei zu erziehen.

Kind-gerecht

Im Kinderzimmer herrschen naturgemäß Unrecht und Unordnung. Vor allem, wenn es in der Familie mehr als ein Kind gibt. Die Freiheit des einen endet nun mal dort, wo die des anderen anfängt, und um diese Grenze wird lautstark gekämpft. Da werden flammende Anklagen formuliert, empörte Verteidigungen und Gegenanklagen angehört, Zeugen („Die Katharina hat das auch gesehen!“) zitiert und mildernde Umstände wie Angriffe im Affekt durch Provokation („Er hat mich aber erst so WÜTEND GEMACHT!“) vorgebracht.

Nichts regt Kinder derartig auf wie das Gefühl, ihnen werde vonseiten der letztlich bestimmenden „Staatsgewalt" (den Eltern) Unrecht getan. Auch Lehrer kommen mit dem Urteil „hart, aber gerecht" noch besser davon als die netten, inkonsequenten, deren Kompetenzen keiner respektiert.

„Kids Court", eine Kinder-Gerichtsshow in Amerika, war schon 1988 ein Renner. Kinder konnten ihre Probleme mit „Ungerechtigkeiten" an den Sender schicken. In der Sendung wurden die konträren Parteien der ausgewählten Fälle dann mit Kindern aus dem Studio besetzt, die ihre Standpunkte wie vor Gericht vertraten. Bei wem am Ende des Abschluss-Plädoyers am lautesten geklatscht wurde, der gewann den Fall per „Judge-O-Meter". Abschließend wurden aus dem Kinderpublikum kreative Vorschläge für gerechte Strafen gemacht und ebenso darüber geurteilt. Zwischendurch gab es Preise für die richtige Beantwortung von Quizfragen über das amerikanische Rechtssystem zu gewinnen.

Schon die Kleinsten verkleiden sich mit Vorliebe als Polizist oder fühlen sich mächtig wohl als „der gute, gerechte Sheriff" à la Lucky Luke. Sie erforschen schon früh in Rollenspielen die Grenzen und Folgen von Vergehen – froh, dass es eine Instanz gibt, die man notfalls um Rechtsbeistand bitten kann. Für Kinder sind Polizisten noch Helden des Alltags. Christoph Ahlhaus, Hamburgs Innensenator, war im Interview mit der *Hamburger Morgenpost* „schon als Kind lieber Gendarm als Räuber".

MOPO: Warum?

Ahlhaus: Weil man als Räuber in der Regel den Kürzeren zieht. Das ist bei dem Spiel so – und im richtigen Leben.

MOPO: Sie waren also schon immer der Law-and-Order-Typ?

Ahlhaus: Naja, was heißt Law-and-Order. Es gibt Regeln, die Zusammenleben ermöglichen. Die müssen eingehalten werden, sonst funktioniert unsere Gesellschaft nicht.

Western, von kleinen Jungen (Lucky Luke, Lex Barker, Terrence Hill) wie von großen (John Wayne, Charles Bronson, Clint Eastwood) geliebt, funktionieren auch nach dem Schema: Eine brutale Bande Gesetzesloser terrorisiert die Einwohner eines netten Kaffs im Wilden Westen, bis diese sich einen neuen Sheriff beschaffen, der endlich aufräumt. Das schafft er entweder, weil er viel klüger ist, schneller zieht als die Bösen und sich sogar von Frauen helfen lässt (James Garner in *Auch ein Sheriff braucht mal Hilfe*), oder weil er auch ein knallharter, aber moralisch strukturierter Hund ist. Soziologie und Kulturwissenschaft haben das Genre Western mittlerweile auch längst abgetastet. Dabei lassen sich die „klassischen", nicht satirischen Western auf folgende Grundstruktur reduzieren: „So erzählen sie immer, wie ein Kontinent ‚zivilisiert' wird durch den Mut und die Kraft eines Mannes. Und am Ende steht immer die Herstellung oder Wiederherstellung von staatlicher Ordnung beziehungsweise Staatlichkeit." (Rudolf Walther)

Den Gerechtigkeitssinn von Mädchen dagegen befriedigt es ungemein, wenn in Märchen zum guten Schluss mörderische Stiefmütter und kinderfressende Hexen ihrer angemessenen Strafe zugeführt werden.

Was Recht und Unrecht ist, begreifen Kinder schon ziemlich früh. Und sie interessieren sich auch sehr dafür: Die Mainzer „Kinder-Uni"-Vorlesung zum Thema „Was ist Recht?" war überfüllt mit Strafunmündigen, die etwas über die „Spiel-Regeln" der Erwachsenen lernen wollten. Laut Referent Professor Meinhard Dreher, der sich von seinem Sohn Jonas assistieren ließ, ist der wichtigste Grund für

Gesetze der Schutz des Schwächeren. Damit kann sich jedes Kind identifizieren. „Wenn es keine Regeln gibt, dann kann sich der Stärkere alles erlauben." Verhaltensregeln sind also die Grundlage für ein friedliches Zusammenleben. In anderen Ländern können für das gleiche Ziel aber auch andere Regeln gelten – die übrigens oft deutlich weniger menschenfreundlich sind als in Deutschland. Und auch Landeskinder gedenken besonders liebevoll den Königen, die sich während ihrer Herrschaftszeit den Beinamen „Der Gerechte" erarbeitet haben.

Nicht für die Schule, sondern für das Leben lernen wir: Das Gymnasium Eppendorf in Hamburg bot seinen Oberschülern letztens eine Rechtskunde-AG an, die der Vizepräsident des Hamburger Verwaltungsgerichts a. D., Herr Gramm, leitete. „Herr Gramm begann mit uns im Zivilrecht und ehe wir uns versahen, fanden wir Schüler uns auch schon in einem Dschungel aus Paragrafen wieder. Aber wer glaubt, ein Jurist würde die Paragrafen alle auswendig können, irrt sich. Wichtig ist nach Herrn Gramm, dass man den Grundsatz kennt und ein paar Ausnahmen."

So will es dieses Buch auch halten.

Denn, wie Goethe so schön sagt: „Wenn man alle Gesetze studieren wollte, so hätte man gar keine Zeit, sie zu übertreten."

Bitte Recht fröhlich

Das Bild, das die meisten Deutschen von der Justiz haben, ist weniger von eigenen Erfahrungen geprägt als von einer Vielzahl amerikanischer und auch deutscher Fernsehserien.

Das amerikanische Recht hat eben nicht nur das „Streben nach Glück“ in der Verfassung, es strebt auch nach guter Unterhaltung. Das liegt unter anderem daran, dass im Gegensatz zu Deutschland Verteidiger und Ankläger mit ihrer „Show“ eine Laienjury überzeugen müssen, mit deren Mitgliedern sich jeder Bürger identifizieren kann. Wo das Urteil in den Händen von Geschworenen liegt, gewinnt oft die publikumsträchtigere Geschichte, sprich, die „bessere Story“.

Dass die Vorliebe für den Showcharakter von Verhandlungen auch zu Ungerechtigkeiten führen kann, verfolgten 1995 etwa 80 Millionen Amerikaner live auf Court-TV, als der beliebte Schauspieler O. J. Simpson trotz aller Beweise des Mordes an seiner Frau und deren Freund freigesprochen wurde. Einen weiteren Höhepunkt erreichte das Gerichtsfernsehen 1998 mit dem Impeachment-Verfahren gegen den damaligen Präsidenten Bill Clinton, was die amerikanische Filmprofessorin Linda Williams den „längsten Pornofilm der Geschichte, säuberlich verpackt in Juristensprache“ nannte.

In Deutschland dürfen – im Gegensatz zu Amerika – live keine Gerichtsprozesse übertragen werden. Der Nachrichtensender n-tv beschwerte sich zwar sogar vor dem Verfassungsgericht darüber, die Klage wurde aber 2001 abgewiesen. Man will verhindern, dass eine mediale Beobachtung die Prozessteilnehmer zulasten der Wahrheit beeinträchtigt. Außerdem ginge es dem potenziellen Publikum sowieso hauptsächlich um den Unterhaltungswert, vom sicheren Sofa aus in menschliche Abgründe zu schauen.

Als Ersatz für echte Dramen werden Fälle in Deutschland meistens mit Laienschauspielern nachgestellt. Gerichtsverhandlungen sind eine Art Talkshow mit dem Richter als

Moderator. „In Talkshows wird der Zuschauer mit der moralischen Bewertung eines Geschehens alleinegelassen. In Gerichtsshows bekommt er dagegen eine klare Unterscheidung in Richtig und Falsch, Gut oder Böse, Recht oder Unrecht präsentiert. Es wird eine Lösung geboten, die von allen akzeptiert werden muss", schreibt Barbara Thym in ihrer Magister-Artium-Arbeit „Kultivierung durch Gerichtsshows". Also eine Talkshow mit moralischem Mehrwert. Ulrich Brock, Geschäftsführer von Kirch Media Entertainment und verantwortlich für *Richter Alexander Hold*, sieht den Vorteil von Gerichtsshows in genau diesem Punkt: „Es gibt immer ein Fazit, es gibt immer ein Urteil – und es wird verkündet von einem echten Richter." Seine Konkurrentin Gisela Marx (*Richterin Barbara Salesch*, *Das Familiengericht* u. a.) beschreibt das Erfolgskonzept der Gerichtsshows ähnlich: „Die Zuschauer haben das Gefühl, das Wertesystem wird neu justiert. Am Ende eines Falles steht ein Ergebnis, das moralisch zu rechtfertigen ist. Was die Leute sehr beruhigt, ist die Ritualisierung, das Gefühl, es hat alles seine Ordnung. Das ist vor allem am Nachmittag sehr wichtig." Laut Marx haben die Zuschauer „ein einfaches Märchenbedürfnis".

Deutsche Gerichtssendungen sind nicht so neu im Programm, wie viele glauben. Bereits 1961 startete in der ARD *Das Fernsehgericht tagt*, wo echte Fälle anhand von Gerichtsakten nachgestellt wurden. Innerhalb eines festgelegten Handlungsablaufes improvisierten Juristen zusammen mit Schauspielern und Laiendarstellern. 1970 kam dann im ZDF langjährig *Ehen vor Gericht*, erst nach 89 Folgen vollzog der Sender im Sommer 2000 die herzzerreißende Scheidung. 1975 ließen sich die Zuschauer im ZDF-Studio fragen: *Wie würden Sie entscheiden?* Ihre per Abstimmung gegebene Antwort wurde dann mit der des Richters verglichen und ausdiskutiert. Auch *Das Verkehrsgericht tagt* lief immerhin bis 2001. Sinn all dieser Sendungen war vor allem eine erzieherische Wirkung. Außerdem sollten sie Verständnis für die Arbeit der Justiz vermitteln, Rat geben und Ängste abbauen.

Die erste Gerichtsshow der modernen Art startete 1999 mit *Richterin Barbara Salesch* auf SAT1. Die Sendung fand fast unter Ausschluss der Öffentlichkeit statt, bis zu dem berühmt gewordenen Fall einer vor Richterin Salesch öffentlich ausgetragenen Nachbarschaftsstreitigkeit um einen „Maschendrahtzaun", der im Clinch mit einem benachbarten Knallerbsenstrauch lag. Zaunbesitzerin Regina Zindler erhob in sächsischem Dialekt Anklage: Der Strauch ihres Nachbarn würde ihren Maschendrahtzaun beschädigen, ergo müsse er weg. Stefan Raab vertonte das Ganze zu einem Countrysong, *Maschendrahtzaun*, das Lied kam auf Platz eins der Hitliste und verkaufte sich über 800 000 Mal. Die von Raab kurzfristig berühmt gemachte Regina Zindler bekam zwar von jeder verkauften CD zehn Pfennige ab, verlor aber nicht nur den Prozess, sondern auch die Nerven, als Menschenmassen vor ihrem Haus campierten und Andenken aus dem besagten Zaun schnitten. Das Justizopfer begab sich in Therapie und floh schließlich nach Berlin. Die durch den Fall des Maschendrahtzaunes langfristig berühmt gemachte Richterin Salesch dagegen richtet noch heute.

Nebenan tagten noch *Das Jugendgericht*, *Das Strafgericht* und *Das Familiengericht* (RTL) sowie für SAT 1 *Richter Alexander Hold* und die Schlichterin *Kallwass*. Der Maschendrahtzaun bleibt allerdings ein unfreiwillig komisches Highlight. Davon abgesehen laufen die IQ-schonenden Tagesgerichte zu einer Zeit, wenn die meisten Leute zu arbeiten haben. Das gebildetere Publikum geht lieber abends zu den ausverkauften Live-Shows des Juristen Dr. Ralf Höcker: „Einspruch". Dort plaudert Höcker unterhaltsam die wichtigsten Erkenntnisse aus seinen Bestsellern *Lexikon der Rechtsirrtümer* und *Neues Lexikon der Rechtsirrtümer* aus. Schon die amtliche Mitteilung, dass es illegal ist, dem Ehemann oder der Ehefrau dauerhaft Sex vorzuenthalten, oder dass ein Delikt der „Beamtenbeleidigung" nicht existiert, ist den Eintritt und etliche Lacher wert. Mittlerweile gibt es sogar ein Gesellschaftsspiel dazu.

Die gehobene Mandantenschicht schaut auch gerne US-Anwaltsserien, weshalb amerikanische Juristica wie „Einspruch, Euer Ehren!" oder das ermahnende Hämmern auf dem Richterpult für typisch deutsch gehalten werden. Im April 2008 brillierte Glenn Close zudem als eiskalte Mutter aller TV-Anwältinnen in *Damages – im Netz der Macht*. Werbung: „Eine packende Serie aus der schillernden Welt amerikanischer Anwaltskanzleien." Gleichzeitig startete in Deutschland die ProSieben-Serie *Unschuldig – Gerechtigkeit hat einen neuen Namen* mit der bittersüßen Alexandra Neldel. Die versucht als Rechtsanwältin Dr. Winter, Justizirrtümer aufzuklären und unschuldig Verurteilte zu rehabilitieren, wenn es sein muss auch mit Mitteln außerhalb der Legalität. Das ist zwar weniger schillernd, aber auch packend.

Die *Welt* schrieb: „Zu lange hat man den deutschen Gerichtssaal dem Nachmittagsprogramm überlassen: *Richterin Barbara Salesch*, *Richter Alexander Hold* oder *Staatsanwalt Posch*. Nun rücken knifflige Fälle wieder in den Abend – und die paragrafentrockenen Damen und Herren Richter in steifer Robe werden durch freche, attraktive Anwälte ersetzt. Nur: Was reizt die Deutschen eigentlich so am Tatort Gerichtssaal? Treibt sie ein Unmut juristischen Rechtsempfindens, eine Sehnsucht nach volksnäheren Urteilen? Wohl kaum. Kennt sich der Durchschnittszuschauer doch mehr mit dem amerikanischen Geschworenen-System aus als mit dem hiesigen BGB. Er ist gewöhnt und geprägt durch omnipräsente US-Serien wie *Ally McBeal*, *Boston Legal* oder dem gerade erst gestarteten *Shark*."

Das Interesse in Deutschland, wer recht hat oder es trotzdem behält, ist ungebrochen.

Das Grundgesetz – Erziehungsberechtigung für die Deutschen

1948 wurden die Ministerpräsidenten der westdeutschen Länder von den Militärgouverneuren der Siegermächte ermächtigt, sich eine Verfassung zu erarbeiten. Nach dem Trauma der Nazizeit war deren wichtigste Vorgabe, dass Demokratie und Rechtsstaat nicht noch einmal durch verfassungsändernde Gesetze beseitigt werden könnten. Die Menschenrechte und andere grundlegende Prinzipien der Verfassung sollten unantastbar sein. Das galt auch für die Elternrechte. Nie mehr sollte ein Staat zu politischen Zwecken in die Erziehung eingreifen dürfen.

Am 24. Mai 1949 trat das Grundgesetz in Kraft, am 14. August wurde der erste Bundestag der Bundesrepublik Deutschland gewählt. Seit der Wiedervereinigung 1990 gilt das Grundgesetz für das ganze deutsche Volk. „Wir wollten Gerechtigkeit und bekamen den Rechtsstaat", maulte zwar Bärbel Bohley über die Enttäuschung vieler ehemaliger Mitglieder der Bürgerbewegung über die unzureichende juristische Aufarbeitung des DDR-Unrechts nach der Wiedervereinigung. Der Feind des Guten wäre das Bessere. Aber etwas Besseres als der Rechtsstaat ist eben auch noch keinem eingefallen.

Die wichtigste praktische Anwendung von Gerechtigkeit findet sich beim „positiven Recht“. Die Gleichheit vor dem Gesetz ist eine entscheidende Grundlage des juristischen Bemühens um die Gerechtigkeit. In den meisten Verfassungen wird diese als Basis des Rechtsstaats eingefordert: „*Das Deutsche Volk bekennt sich darum zu unverletzlichen und unveräußerlichen Menschenrechten als Grundlage jeder menschlichen Gemeinschaft, des Friedens und der Gerechtigkeit in der Welt.*“ (Artikel 1, Grundgesetz der BRD) sowie „*Alle Menschen sind vor dem Gesetz gleich.*“ (Art. 3 Abs. 1 GG).

Das klingt doch super. Warum haben die Deutschen ihr Gesetz dann eigentlich so wenig lieb?

Rechtsempfinden und Gerechtigkeit

„You just confuse respect with fear
Lawman, I think you're a poor man
I see you in the Crown Court
Seems to me like a blood sport
I know you live by a book of rules
But anyone who needs a book is a fool.“

„Du verwechselst bloß Respekt mit Angst
Mann des Gesetzes, ich denke
Du bist ein armer Mann
Ich sehe dich im Strafgerichtshof
Wie bei einem blutrünstigen Wettkampf

> Ich weiß, du lebst nach einem Buch voller Gesetze
> Aber wer dafür ein Buch braucht, ist ein Idiot."
>
> *(Motörhead)*

Motörhead brachten musikalisch auf den Punkt, warum andere Studiengänge immer schon ungern mit angehenden Juristen feierten. Wer kann sich mit obrigkeitshörigen Leuten amüsieren, die, eben volljährig, ihre Freiheit nutzen, um für staatliches Recht und Ordnung zu kämpfen, statt wie die Beastie Boys „for your right to paaaarty!"? Typen, denen die Verfassung (die in Deutschland Grundgesetz heißt) wichtiger ist als ihre eigene gegen Ende der Nacht? Die jede erhoffte Entgleisung des Abends als Erregung öffentlichen Ärgernisses, illegalen Drogenkonsum, Exhibitionismus oder Störung der Nachtruhe abkanzeln und vielleicht petzen wollen?

Das Recht rockt nun mal nicht.

Gerade in Deutschland hat das Gesetz ein selbstgerechtes Image von Spießigkeit und Obrigkeitswillkür. Es ist der große Spielverderber, der sich überall ungefragt einmischt. Und schlimmstenfalls politisches Unrecht legitimiert.

Das liegt in seiner Geschichte begründet. Eltern von heute sind meistens Kinder der 68er-Generation, welche Polizisten grundsätzlich als „Bullen" bezeichnete – die Typen, die schuld am Tod von Benno Ohnsorg waren und einen Teil der jungen Demokratie gemordet hatten; die Typen, die ihre Staatsmacht karrikaturenartig „in putativer Notwehr" gegenüber Demonstranten missbrauchen, aber im Namen des Gesetzes Kundgebungen der Neonazis, Doppelmoral und das unrechtmäßig erworbene Geld der Reichen schützen.

Davor hatten Staat und Gesetzgebung während der Nazizeit geholfen, kollektives Unrecht mit Ordnung durchzusetzen. Die Geschwister Scholl hat schließlich auch ein deutsches Gericht auf dem Gewissen, ebenso wie Graf Stauffenberg, von diversen menschenverachtenden Gesetzen ganz zu schweigen.

Hinzu kommt die lange deutsch-deutsche Tragödie des legalisierten Unrechts in der DDR. Hubertus Knabe, Leiter der Gedenkstätte Berlin-Hohenschönhausen, einem Gebäude, das in der DDR ein Gefängnis für politische Häftlinge war, stellt fest: „Die Aufarbeitung der Verbrechen, die Suche nach den Tätern – das alles sind notwendige Schritte zur Aufarbeitung des Unrechts. Die höchstmögliche Form der Gerechtigkeit ist die Entschädigung, die den Opfern nachträglich zu ihrem Recht verhilft. Und die Täter müssen nach dem Strafrecht verurteilt werden."

Autorin Eva Tenzler in einem Artikel in *Psychologie Heute* zum Thema: „Gerechtigkeit ist die Basis für Zufriedenheit. Wer glaubt, ihm widerfahre Unrecht, wird oft seines Lebens nicht mehr froh. Ungerecht behandelt zu werden produziert nicht nur Unzufriedenheit, sondern auf Dauer auch Hilflosigkeit, Aggression und Depression. Wie kann es gelingen, zufrieden zu bleiben, auch wenn es in der Welt nicht gerecht zugeht?" Rache ist oft der verzweifelte Versuch, sich rückwirkend Gerechtigkeit zu erzwingen. Denn die, so ein *GEO*-Sonderheft zu diesem Thema, ist ein grundlegendes menschliches Bedürfnis, auf dem die Gesetzgebung idealerweise aufbaut.

Doch zu lange wurden Gesetzesbrecher zu vorbildlich verwegenen Teufelskerlen idealisiert, sexy Desperados wie Butch Cassidy und Sundance Kid. Ja, wo es einst mit der Demokratie noch nicht so weit her war, waren persönliche Freiheitskämpfer bewundernswert, die unter Einsatz ihres Lebens wichtige gesellschaftliche Entwicklungen vorantrieben, Ungerechtigkeiten bekämpften und menschenverachtende Gesetze zum Wohle aller brachen. Heute ist es eher andersherum: Menschen verachten die Gesetze, sie zu brechen ist ein Gesellschaftsspiel, angeführt vom überreichen Post-Manager Zumwinkel, der vor dem (Steuer) Gesetz seine Millionen aus Deutschland nach Liechtenstein rettete. Verlierer ist der anständige Rest: Selber schuld, schön blöd, wer sich an Moral und Ordnung hält. Es geht nur noch darum, sich nicht erwischen zulassen. Moral und Gesetz scheinen nichts mehr miteinander zu tun zu haben.

Selbst Berühmtheiten, früher positive Vorbilder für die Masse, sind heute eher berüchtigt. Paris Hilton saß 23 Tage in einer Zelle, die wahrscheinlich dem durchschnittlichen Zimmer im Hilton ähnelt, bloß ohne die Möglichkeit, nach Belieben auszuchecken. Und Berufsschönheit Naomi Campbell musste unfreiwillige Nachhilfestunden in sozialem Verhalten bei der Müllabfuhr absolvieren, nachdem sie mehrmals ihre Angestellten verbal und körperlich verletzt hatte. Germany's next Möchtegernmodel Gisele hat an ihrer Schule gedealt. Skandal-Prinz Ernst August von Hannover stand wegen Körperverletzung vor Gericht, wurde rechtskräftig verurteilt und gilt nun als vorbestraft. Sein Mangel an Selbstbeherrschung statt „Noblesse oblige" (Adel verpflichtet) amüsiert wohl nur wenige königlich. Deutschlands Ex-Tenniskönig Boris Becker hat dagegen „nur" 1,57 Millionen Euro an Steuern hinterzogen. Vom Münchner Landgericht wurde der Ex-Tennisstar im Oktober 2002 deshalb zu zwei Jahren auf Bewährung und 300 000 Euro Geldbuße verurteilt.

Dabei brauchen für eine funktionierende Gesellschaft nicht nur Kinder das beruhigende Gefühl von Sicherheit, dass die „Guten" am Ende „recht kriegen" und „Übeltäter" ihre „gerechte Strafe" erhalten, ob im Märchen oder in Hollywood. Da könnte es durchaus wieder Avantgarde werden, den Wert von Gesetzen zu erkennen, anzuerkennen, seinen Kindern weiterzuvermitteln und als Kulturgut zu schützen. Das wäre doch auch mal was für den halbstarken Ben Tewaag. Das Schätzchen von Uschi Glas scheint das BGB nicht gelesen zu haben, ehe er nach mehreren anderen Straftaten im Kampf um ein Taxi handgreiflich zur Sache kam. „Der Staat gegen Ben Tewaag – das kennt man ja schon!", tönte er noch im *Bunte*-Interview. Nun sagt der langweilige Staat, Wiederholungstäter Ben soll für ein halbes Jahr ins Gefängnis. Vielleicht kann er ja bei Podknast.de mitmachen: Als Hördatei gibt es (zur Abschreckung?) Originalstimmen und -erkenntnisse von Insassen des Düsseldorfer Jugendknastes. So mancher wird da in seiner nicht selbst gewählten Einsamkeit zum Dichter:

„Die Zukunft ist ein Pfad
Der angelegt ist wie ein Tunnel ohne Licht
Damit man das Ende nicht erblicht
Das Leben zu schätzen weiß
Tag für Tag nicht darauf scheißt
Sondern Nacht für Nacht daran geilt
Was besser zu machen
Scheiß auf Messer und Waffen!"

Lieber rechtzeitig die grauen Zellen einsetzen, statt in einer grauen Zelle einzusitzen!

Ob in der Erziehung oder im Strafvollzug, lange galt die Erfolgsstrategie: Positives Verhalten belohnen, negatives ignorieren. Nun steht aber fest: *Strafe hilft besser als Beloh-*

nung, um soziales Verhalten herzustellen. In einem *Spiegel*-Gespräch berichtete Simon Gächter, Ökonomie-Professor an der University of Nottingham, der sich mit der Psychologie menschlicher Entscheidungsfindung befasst: „In unseren Versuchen funktionieren die Strafen sogar wesentlich besser als Belohnung für gutes Verhalten. Es braucht wahrscheinlich beides, die Belohnung von sozial erwünschtem und vor allem die Bestrafung von sozial unerwünschtem Verhalten."

Außerdem machte er noch eine überraschende Entdeckung: „Dem Klischee zufolge könnte man ja denken, der Kapitalismus fördere den Egoismus. Aber das deckt sich absolut nicht mit unseren Erkenntnissen. Ganz im Gegenteil: In Sachen Kooperation liegen die westlichen Demokratien weit vorne!"

Und die Familie ist ja bekanntermaßen die kleinste Zelle im Staat.

Das Strafmaß

Im Namen des deutschen Volkes ergeht folgendes Vorurteil: Wer ein Kind bekommt, wird mit Einschränkung seiner Persönlichkeitsrechte und Freiheitsentzug nicht unter achtzehn Jahren bestraft.

Die Generation Informationselite wird Eltern. Eigentlich ging der Plan so: Man bekommt ein Wunschkind. Man liebt es erst mal bedingungs- und grenzenlos. Wenn es älter wird, erklärt man ihm geduldig und kindgerecht, warum manche Sachen eben nicht gehen. Man bittet das Kind, das unerwünschte Verhalten zu unterlassen, weil es doch gefährlich ist oder gemein oder ärgerlich für andere. Gibt ihm, stets unter Einbeziehung seiner Meinung und Persönlichkeit, alle nötigen Informationen und gute Ratschläge. Und da es bisher ja nur Liebe und Respekt erfahren hat, weil es zudem klug ist und Mama und Papa auch ganz doll liebt und vertraut, wird es ohne Zwang folgen. Wer braucht da Erziehung? Nur Kinder, die nicht richtig geliebt werden! Nur Kinder, denen die Dinge nicht richtig erklärt werden!

Dann kommt das Kind und der Plan geht. Stattdessen folgt die Vater-Mutter-Kind-Rosskur. Das Letzte, was einem da noch fehlt, sind kinderlose Freunde, die sagen: „Aber das musst du doch vorher schon gewusst haben!", wenn man sich bei ihnen ausheulen will. Nein, das konnte keiner wissen.

Es ist ein Naturgesetz: Im Zusammenleben mit einem Baby muss man sich für die erste Zeit von seinen eigenen Menschenrechten verabschieden. Systematischer Schlafentzug etwa, als Foltermethode von der Genfer Konvention geächtet, ist in den ersten Jahren normal und nur der Anfang des Freiheitsentzugs. Vor lauter Verliebtheit nimmt man die gründliche Einschränkung des Rechtes auf freie Entfaltung der Persönlichkeit kaum noch wahr. Da ist es ein Glück, dass man zu müde ist, um sich an Regel Nummer eins: „Die Würde des Menschen ist unantastbar" zu erinnern. Etwa, wenn das Kleinkind einem im Supermarkt wiederholt seine Schokoladenfinger ins Auge sticht oder seine laufende Rotznase an Mutters Hosenbein abwischt. Und hey, das ist für eine ganze Weile okay, selbst wenn es sich oft nicht so anfühlt. Das Kind hat schließlich noch kein Unrechtsbewusstsein und soll seine eigene Persönlichkeit frei entfalten können, hoffentlich in einer Weise, die nicht mit den eigenen Interessen kollidiert. Denn das aktuelle Erziehungsideal reserviert die interessanten Lebenswege für selbstbewusste, selbstständige, durchsetzungsfähige

Kinder. Niemand möchte einen angepassten Jasager verantworten, auch wenn das während der Pubertät keiner gesagt haben will.

Wer heute Eltern wird, kauft Kinderwagen, Strampler und viele Bücher. Die literarische Erstausstattung in Deutschland ist *Ein Baby will getragen werden* (und seine Mutter ein Abo beim Chiropraktiker), *Ihr Baby kann's!* (deutlich besser als Sie) und vor allem das Lieblingsbuch neugeborener Mütter: *Auf der Suche nach dem verlorenen Glück – gegen die Zerstörung unserer Glücksfähigkeit in der frühen Kindheit*. Das Buch der Amerikanerin Jean Liedloff ist ein ökologisch korrekter Pädagogik-Porno ersten Ranges. Er idealisiert das Sozialleben eines wilden Indianerstammes, dessen Mitglieder ihre Kleinkinder mit Messern hantieren und an Abgründen entlangkrabbeln lassen, falls sie diese nicht gerade am eigenen Körper herumtragen. Das Gemeinste ist die Behauptung, Kinder würden „nicht streiten, kaum weinen, ganz selten krank sein oder sich verletzen“, wenn sie „nur richtig“ behandelt würden. Eltern, deren Kinder häufiger krank werden, sich verletzen, streiten und weinen, können also gleich die Suche nach dem verlorenen Glück ein- und sich ein Armutszeugnis ausstellen. Hier kommt die gute Nachricht: Kinder streiten und weinen nun einmal, weil sie auch nur Menschen sind. Auch wenn sie in Deutschland überwiegend zu „edlen Wilden“ hochstilisiert werden.

Trotzdem packt die gute deutsche Mutter sofort die Panik, nicht nur den Regenwald zu zerstören, sondern auch noch die Glücksfähigkeit ihres geliebten Kindes, und das in der frühsten Kindheit, unwiderruflich!

Der pädagogische Adrenalinschocker ist die übliche Einstiegsdroge in eine lange Reihe von Aufklärungsschriften über „kompetente Säuglinge und Kinder“, die, vom Schöpfer bereits vorprogrammiert, von alleine alles richtig machten, wenn ihre Eltern sie nur ließen – statt ihnen ihre eigenen Vorstellungen von der Gefährlichkeit von Messern und Abgründen (bei uns eher Messern und Autos) aufzuzwingen.

Während ihr Baby wächst, tragen seine Eltern Titel wie *Trotzig, zornig, wütend: Umgang mit kindlichen Aggressionen* zur Kasse und neue Hoffnung in einer neutralen Tüte heim, von der Theorie in die Praxis. Trotzig, zornig und wütend erleben sie, dass die Fallbeispielskinder im Buch immer anders reagieren als die eigenen zu Hause. Als Nächstes kaufen sie *Wenn Eltern die Wut packt: Alltägliche Stresssituationen mit Kindern bewältigen*. Haben Eltern eigentlich ein Recht auf Wut, auch wenn es den Begriff „gerechte Wut" gibt? Ein Ratgeber führt zum nächsten. Die Flut unterschiedlichster Konzepte, die meisten im Alltag schwer umsetzbar, schwemmt das letzte instinktive Gerechtigkeitsgefühl weg.

Kein Wunder, dass Eltern sich im Umgang mit ihren Kindern zunehmend als inkompetent empfinden – sie sind es meistens auch. Aber woher sollten sie es besser wissen? Die ihr Erwachsenenleben bisher regierenden Gesetze des globalen Arbeitsmarktes – Überbeweglichkeit, flexibler Einsatz, durchgetaktetes Zeitmanagement – stehen im totalen Kontrast zu der benötigten Beständigkeit für den Aufbau der forderndsten Liebesbeziehung ihres Lebens.

Gerade die zunehmende Zahl „älterer" Mütter ab 30 besteht aus Frauen, die statt Säuglingen bisher selbstbewusst ihre Karriere geschaukelt haben. Die meisten halten mit ihrem Last-Minute-Baby das erste überhaupt auf dem Arm. Und für dessen Leben sollen sie mindestens achtzehn Jahre lang verantwortlich sein? Hilfe! Aber Hilfe woher, von wem?

Eine Generation früher, da hatte man noch sein Kompetenzteam aus Oma, Mutter, Vater, Geschwistern, Nachbarn in der Nähe. Die konnte man alles Wichtige fragen, vom Kochen über Beziehungsprobleme bis zur Kindererziehung. Und bekam Ratschläge, die allgemeingültig waren, da sich die Lebensläufe und damit verbundene Probleme ähnelten. In unserer individualisierten Hochleistungs-Gesellschaft dagegen scheint das naiv. Wer wohnt außerdem noch in Reichweite seiner Eltern?

Und selbst wenn! „Ich geb dir mal einen guten Rat, mein Kind“ – Da geht doch jeder in Abwehrhaltung. Einen Rat von jemandem anzunehmen heißt ihm zuzugestehen, etwas besser zu wissen als man selber. Da die Älteren und ihre Lebenserfahrung in unserer Kultur wenig geachtet sind, man selber gebildet, informiert und belesen ist, gesteht man Besserwisserei höchstens Spezialisten zu. Umso lustiger, dass der Haushalts-Ratgeber *Frag Mutti!* derartig erfolgreich ist, dass gerade *Frag Vati* auf den Markt gekommen ist. Hauptsache, man muss sich nicht die Blöße geben, die eigene Mutti zu fragen. Deren Meinung zum Thema Erziehung ist sowieso gefährlich altmodisch. Denn die „gute alte“ Zeit, wie sie beim *Königlich-Bayrischen Amtsgericht* im Vorspann beschworen und von den Eltern 1969 bis 1972 im privatsenderfreien Fernsehen gerne gesehen wurde, ist schließlich unwiderruflich dahin:

„Es war eine liebe Zeit, die gute alte Zeit vor anno ’14. In Bayern gleich gar. Damals hat noch seine Königliche Hoheit, der Herr Prinzregent, regiert. Ein kunstsinniger Monarch. Denn der König war schwermütig. Das Bier war noch dunkel, und die Menschen waren typisch. Die Burschen schneidig, die Dirndl sittsam und die Honoratioren ein bisserl vornehm und ein bisserl leger. Es war halt noch vieles in Ordnung damals, denn für Ordnung und Ruhe sorgte die Gendarmerie und für die Gerechtigkeit das Königliche Amtsgericht.“

„Kinderrechte" waren zu der „guten alten Zeit" noch kein Thema. Doch seitdem hat sich einiges geändert. Was können Kinder heute von ihren Eltern verlangen?

Als grundlegende Kinderrechte gelten:

- Recht auf eine gewaltfreie Erziehung (z. B. § 1631 Abs. 2 BGB)
- Schutz vor Ausbeutung
- Recht auf Bildung
- Recht auf Entfaltung der Persönlichkeit (z. B. § 1 SGB VIII)
- Rechte der Familie auf Schutz
- Recht auf staatliche Unterstützung bei Erziehungsproblemen
- Recht auf Beteiligung bei Entscheidungen, die sie betreffen
- Recht auf Fürsorge
- Recht auf Ernährung
- Recht auf Meinungsäußerung
- Recht auf Schutz vor körperlicher, seelischer oder sexueller Gewalt
- Recht auf Gesellschaft und Freunde jeglicher Art
- Recht auf Schule, Ausbildung und Selbstständigkeit
- Recht auf Eigentum
- Recht auf Freiheit

Es ist klar, dass die Vielzahl dieser Gesetze vor allem die entmachten will, die solche Dinge nicht für selbstverständlich halten. Doch wer das wirklich ernst nimmt, dem bleibt, je nach Auslegung, wenig eigener Spielraum. Die Rechte der Eltern dagegen sind hauptsächlich Sorgen. Im Rahmen der Personensorge haben Eltern das Recht und die Pflicht,

„angemessene Erziehungsmaßnahmen“ durchzuführen. Die elterliche Sorge umfasst außerdem: Die Sorge für das Vermögen und die Vertretung des Kindes (§ 1629 BGB).

Die Pflichten von Kindern und Jugendlichen, im Sinne einzuhaltender Spielregeln im Alltag, wurden nur in wenigen Büchern dargelegt. Dazu kommen wir jetzt – zu guter Letzt.

Schadensregulierung: Recht und Rechtspädagogik

Einige bewundernswerte Deutsche habe mittlerweile das Bundesverdienstkreuz verliehen bekommen. Aber aus Sicht von Eltern hat es niemand derartig verdient wie Sigrun von Hasseln, Richterin am Landgericht Cottbus, die es 2006 für ihre Arbeit verliehen bekam.

Von Hasseln hat es sich zur Lebensaufgabe gemacht, dass Kinder nicht im rechtsfreien Raum aufwachsen und Recht (wieder) als Kulturbesitz angesehen, geachtet und geschützt wird. Auf ihrer Homepage www.hasseln.de schreibt die 56-jährige Mutter von drei Kindern über den so nötigen wie gangbaren Weg von der „Spaß- in die Rechts- und Verantwortungsgesellschaft“: „Wollen wir als Zivilgesellschaft überleben, müssen wir viele Brücken in das neue Zeitalter der Mehrkulturengesellschaft bauen. Brücken zu anderen Kulturen und Religionen. Brücken zwischen Arm und Reich, zwischen Jung und Alt. Brücken zwischen politischen Lagern. Eine wichtige Brücke ist das Recht. Sollen unsere Kinder zukunftsfähig werden, müssen sie mit anderen auf gleicher Augenhöhe sachlich, fair und zuverlässig kommunizieren und Lebensverhältnisse demokratisch regeln können. Das muss von klein auf geübt und so verinnerlicht werden, dass schon Kindergartenkinder durch das Verhandeln erfolgreicher als durch den Einsatz ihrer Fäuste sind."

Neben ihrem Standardwerk *Rechtspädagogik* ist Sigrun von Hasseln unter anderem Autorin des *Jugendrechtsberaters*. Dieses empfehlenswerte Buch kann nicht nur Jugendlichen helfen, sondern auch etliche Eltern ermutigen, von ihren minderjährigen Mitbewohnern etwas zu verlangen, was keinen Spaß macht. Kinder haben oft kein Unrechtsbewusstsein, wenn sie ihre Eltern quälen. Eltern wissen nicht, ob sie im Unrecht sind, wenn sie Rücksichtnahme fordern. Das Wissen um ihre offiziellen Rechte kann bestenfalls aktiv ihre Position stärken, oder zumindest erst mal ihre Moral.

Die wichtigsten Rechte und Pflichten für Eltern und Kinder

1. Es bestehen „Rücksichtnahmepflichten": Kinder und Eltern haben sich gegenseitig Beistand zu leisten und sind sich Rücksicht schuldig (§ 1618a BGB).

Was? Eltern haben ein Recht auf Rücksicht? Man muss also nicht mit zusammengebissenen Zähnen zwei Stunden lang Gezanke oder Gemaule anhören! Aaah, tut das gut!

2. Es ist amtlich: Das Kind muss im elterlichen Haushalt helfen! § 1619 BGB ist da knallhart: „Solange das Kind dem elterlichen Haushalt angehört und von seinen Eltern

erzogen und unterhalten wird (damit ist Geld gemeint), ist es verpflichtet, in einer seinem Entwicklungsstand, seinen Kräften und seiner Lebensstellung entsprechenden Weise den Eltern in ihrem Hauswesen und in ihrem Geschäfte Dienste zu leisten."

3. Eltern dürfen streiken! Das BGB regelt das Familienleben als ein gegenseitiges Leistungsversprechen: Sollte das Kind die Mitarbeit im Haushalt verweigern, dürfen Eltern auch alle Leistungen verweigern, die über die notwendige Grundversorgung hinausgehen: kein Nintendo, keine Pyjama-Partys für sechs kreischende Mädchen, kein Wellness-Urlaub auf dem Ponyhof etc. Das Gleichgewicht des Schreckens.

4. Im Römischen Reich waren Kinder schon mit sieben Jahren strafmündig, heute sind sie mit sieben Jahren immerhin beschränkt geschäftsfähig (§ 106 BGB). Und, wichtiger, „beschränkt deliktsfähig": Das Kind haftet ab jetzt bei Schaden, wenn es altersgemäß einsichtsfähig ist. Sie können somit für einen Teil der (bei „Kinderstreichen" oft nicht unerheblichen) Schäden haften, die sie anrichten (§ 828 BGB). Beispiel: In einem Laden in Lüneburg haben zwei Jungen (12 und 13 Jahre alt) Popcorntüten angezündet, es entstand ein Großfeuer. Die Eltern der Brandstifter müssen nun für den Schaden in Höhe von etwa 250.000 Euro aufkommen.

5. Ab 14 Jahren gilt das Kind als Jugendlicher, nun ist es „bedingt strafmündig". Bei Diebstahl oder Körperverletzung wird es nun nicht mehr als „Kind" davonkommen.

6. Mit 16 Jahren muss jeder einen Personalausweis oder Pass besitzen. Man ist „beschränkt testierfähig“ und darf selbstständig sein Testament machen. Zum Schutz des Minderjährigen vor unüberlegten Verfügungen ist die Testierfähigkeit aber auf Testamentsformen beschränkt, die eine Beratung durch den Notar einschließen. Außerdem gilt man mit 16 als „ehefähig“: Der Jugendliche darf heiraten, wenn der Partner volljährig ist und Eltern sowie Vormundschaftsgericht zustimmen.

7. Mit 18 ist man volljährig, man darf seine Schulform selber wählen und sich selber Entschuldigungen schreiben.

8. Die elterliche Sorge umfasst: die Sorge für die Person (Personensorge), für das Vermögen und die Vertretung des Kindes (§ 1629 BGB). Beispiel: Ein Kind verklagt (durch die Eltern) seine Kindergärtnerin.
Im Rahmen der Personensorge haben Eltern das Recht und die Pflicht, „angemessene Erziehungsmaßnahmen“ durchzuführen.

Erstaunlicherweise urteilen Kinder und Jugendliche untereinander und übereinander oft viel strenger über ihre Vergehen als Erwachsene. In „Schüler machen Zeitung“, einer Sonderbeilage im *Hamburger Abendblatt*, schrieb etwa eine Schülerin aus der 10a des Johannes-Brahms-Gymnasiums unter der Überschrift „Kriminelle Kinder brauchen Konsequenzen“: „Meines Erachtens weiß ein Kind mit spätestens zehn Jahren, was es darf und was es nicht darf. Ich fordere nicht, dass man mit zehn Jahren für eine Tat, wie zum Beispiel das Verprügeln eines anderen Menschen, gleich ins Gefängnis kommt. Aber zumindest einen Vermerk in der Akte der jeweiligen Person sollte es geben, und zur Strafe sollte eine Sozialdienstleistung erbracht werden. (...) Meiner Meinung nach kann es oft schon viel zu spät sein, wenn Kinder erst mit vierzehn Jahren die gerichtlichen Konsequenzen ihrer Straftaten erleben."

Quiz:

Kinderrechte, Elternrechte – Wie gut wissen Sie Bescheid?

Nehmen Sie sich ein paar Minuten Zeit für unseren Test. Die sieben Fragen sollen Ihnen (und Ihrer Familie) zu mehr Klarheit verhelfen, wie es um Ihr Rechtsverständnis bestellt ist.

1. In einem Märchen treten folgende Straftatbestände auf: Erpressung, Sittenwidrigkeit, Betrug, Stalking, Verletzung der elterlichen Fürsorgepflicht, sexuelle Belästigung, Tierquälerei, Gewaltanwendung. Das Urteil dafür: lebenslänglich glücklich. Wie heißt die Geschichte?

a. Die sieben Raben
b. Schneewittchen
c. Der Froschkönig
d. Die Schöne und das Biest

2. Welches Zitat ist wohl am familiengerechtesten?

a. Wir wollten Gerechtigkeit und bekamen den Rechtsstaat. (*Bärbel Bohley*)
b. Die Frauen haben heute sicher mehr Rechte. Aber mehr Macht hatten sie früher. (*Charles Aznavour*)
c. Es hilft nichts, das Recht auf seiner Seite zu haben. Man muss auch mit der Justiz rechnen. (*Dieter Hildebrandt*)
d. Das Recht des Stärkeren ist das stärkste Unrecht. (*Marie von Ebner-Eschenbach*)

3. Ab welchem Alter gilt man in Deutschland als juristische „Rechtsperson“ mit Rechten und Pflichten?

a. Qua Geburt
b. Mit 7 Jahren
c. Mit 13 Jahren
d. Mit 18 Jahren

4. Eltern haften für ihre Kinder – oder? Ab welchem Alter müssen Kinder selber für Untaten aufkommen?

a. Mit 7 Jahren
b. Mit 14 Jahren
c. Mit 18 Jahren
d. Wenn sie selber genug Geld verdienen.

5. Haben Eltern ein Recht darauf, dass ihre Kinder ihnen im Haushalt helfen?

a. Nein
b. Nur gegen Bezahlung
c. Nur gegen Drohungen
d. Ja

6. Dürfen Kinder mit ihrem Taschengeld kaufen, was sie wollen, auch wenn die Eltern das bescheuert finden, etwa Süßigkeiten, Donald-Duck-Hefte oder Fußball-Sticker?

a. Nein, wer das Taschengeld gibt, bestimmt.
b. Mit dem Taschengeld kann man machen, was man will.
c. Man muss einen Teil des Geldes für später sparen.

7. Haben Eltern ein Recht auf Rücksichtnahme?

a. Erst wenn die Kinder aus dem Haus sind
b. Am Muttertag/Vatertag
c. Theoretisch ja, praktisch nein
d. Ja

Auflösung:

1. c), der Froschkönig: Der Frosch fordert von der Prinzessin einen Platz an ihrem Tisch und in ihrem Bett, wenn er den goldenen Ball aus dem Brunnen holt. Damit nutzt er ihre emotionale Notlage aus. Die Prinzessin stimmt dem Vertrag zu, ohne ihn je halten zu wollen, das ist Betrug. Allerdings ist der Vertrag sittenwidrig – dass der Frosch sie trotzdem ständig verfolgt und auf Erfüllung drängt, muss als Stalking gewertet werden. Der König zwingt seine Tochter, trotz der offensichtlich unlauteren Absichten der Amphibie und der Unmäßigkeit ihrer Forderungen, den Vertrag einzuhalten. Damit verletzt er seine Fürsorgepflicht der minderjährigen Tochter gegenüber und setzt ihr den Frosch quasi ins Bett. Der belästigt die widerwillige Prinzessin sexuell, bis sie ihn in Notwehr an die Wand knallt. Da dabei ein schöner Prinz herauskam, wurde keine Anklage wegen Tierquälerei erhoben.

2. d) ist die familiengerechteste Antwort.

3. a) ist richtig.

4. a) ist richtig, mit 7 Jahren ist ein Kind „beschränkt deliktsfähig“.

5. d) Gute Nachrichten, „Ja“ ist richtig! Wenn Sie der Ansicht sind, „eher lernt unser Hamster pfeifen, als Willi den Müll raustragen“, dann haben wir hier den richtigen Paragrafen für Sie: Laut § 1619 BGB „ist das Kind, solange es dem elterlichen Hausstand angehört

und von den Eltern erzogen oder unterhalten wird, verpflichtet, in einer seinen Kräften und seiner Lebensstellung entsprechenden Weise den Eltern in ihrem Hauswesen und Geschäfte Dienste zu leisten“.

6. b) ist richtig. Durch den Taschengeldparagrafen (§ 110 BGB) werden Kinder vor Bevormundung durch ihre Eltern geschützt. Ausnahme: Es handelt sich um „Jugendgefährdendes“ wie Waffen, Drogen, Alkohol oder Pornografisches. Und: Das Kind hat ein Anrecht auf regelmäßige Taschengeldzahlungen!

7. d) ist richtig! Kinder haben oft kein Unrechtsbewusstsein, wenn sie ihre Eltern quälen. Eltern fürchten, es sei egoistisch, Rücksichtnahme zu fordern. Das Wissen um ihre offiziellen Rechte kann ihre Position stärken, oder zumindest erst mal ihre Moral. Denn es bestehen „Rücksichtsnahmepflichten“: Kinder und Eltern haben sich gegenseitig Beistand zu leisten und sind sich Rücksicht schuldig (§ 1618 a BGB).

Das Kindergericht

Endlich richtig Recht haben

Wer der Gerechtigkeit folgen will, durch dick und dünn, muss lange Stiefel haben. Habt ihr welche? Ach, meine Lieben! Lasset uns mit den Köpfen schütteln!“, schrieb einst Wilhelm Busch in *Eduards Traum*.

Der Vorschlag, sich in Sachen Gerechtigkeit im Kinderzimmer an eines der objektiv betrachtet freiheitlichsten, demokratischsten Rechtssysteme der Welt zu halten, versucht, Eltern die langen Stiefel bereitzustellen. Sie anzuziehen und manchmal kopfschüttelnd durch die Sümpfe kindlicher Streitereien zu waten, muss jeder selbst auf sich nehmen. Die Expedition durch die abenteuerlichen Niederungen von Anklage, Verteidigung und Gegenklage kann aber auch Spaß machen.

Wer sich einen Streit als überspitzte Gerichtsszene vorstellt, dem fällt es leichter, sich humorvoll von seinen Gefühlen zu distanzieren und die Klage in eine angemessene Form zu bringen. Absolute Gerechtigkeit als Ziel ist dabei zwar ein abstraktes, fast unerreichbares Ideal, ebenso wie Wahrheit. Aber sich so konstruktiv wie amüsierwillig an eine größtmögliche „gefühlte Gerechtigkeit" für alle Beteiligten anzunähern, ist schon sehr viel. Gerechtigkeit ist dabei nicht mit Gleichbehandlung zu verwechseln. Das Recht auf die freie Entfaltung der Persönlichkeit, soweit dabei nicht die Rechte anderer verletzt und nicht gegen die verfassungsmäßige Ordnung oder das Sittengesetz verstoßen wird, muss für Fünfjährige sicher anders ausgelegt werden als für Zehnjährige.

Doch gleichberechtigt mitmachen kann jeder, egal wie alt. Schließlich besagt der erste Paragraf im Bürgerlichen Gesetzbuch, dass die Rechtsfähigkeit des Menschen bereits mit der Vollendung seiner Geburt beginnt. Und Fähigkeiten sollten trainiert werden.

Für eine Kindergerichtsverhandlung empfiehlt sich ein amtlich aussehender Schreibblock mit Stift, um die wichtigsten Punkte zu protokollieren. Der Vorsitzende kann das als Nebenjob erledigen oder ein größeres Kind mit der Mitschrift beauftragen, das übt gleich unauffällig für das nächste Diktat. Je nach Alter dürfen Kuscheltiere und Puppen als Publikum teilnehmen; bei Kleineren kann das Lieblingstier auch als Zeuge gehört werden oder als deren Anwalt auftreten und für seinen Besitzer sprechen, das fällt einem Kind oft leichter, als direkt zu antworten. Waffen wie Plastikschwerter, Morgensterne, Pistolen und Gewehre müssen vor der Verhandlung an der Tür abgegeben werden. Ruhe im Saal schafft ein Spielzeughammer, der zwar in deutschen Gerichtssälen nicht zum Einsatz kommt, aber nicht nur in amerikanischen Filmen eindrucksvoll wirkt. Der Vorsitzende könnte damit etwa auf das Bürgerliche Gesetzbuch hauen, das viele sowieso im Regal stehen haben, ansonsten tun es auch *Krieg und Frieden* oder ein Kochbuch. Für Spaß und Spannung werden die Handschellen aus dem Faschingsfundus oder unter dem Ehebett hervorgeholt und bereitgelegt. Ist nun noch ein schwarzer Umhang vom letzten Halloween vorhanden, umso besser, die Freude von Kindern an Verkleidungen und Rollenspielen sollte genutzt werden. Jetzt kann die Sitzung eröffnet werden.

Durch eine Robe verwandeln sich Streithähne in Prozessierende. Im Gegensatz zu anderen Berufskleidungen wirken die langen schwarzen oder scharlachroten Gewänder vorbildlich cool, viele Kinder erinnern sie an Zauberer-Umhänge. Am magischen Gerichtshof (Wizgamot) in den *Harry-Potter*-Romanen und -Filmen leuchten die Roben scharlachrot. Ja, selbst in einer allmächtigen Welt der Magie (oder gerade dort!) braucht es Regeln und Leute, die zum Wohle der Gemeinschaft über deren Einhaltung wachen. Die „zauberhaften“ scharlachroten Richterroben des deutschen Bundesverfassungsgerichts wurden übrigens in den 1950er-Jahren von einem Münchner Kostümbildner entworfen; ihr Vorbild war eine florentinische Richtertracht aus dem 15. Jahrhundert. Nur in Griechenland und einigen skandinavischen Ländern werden Juristen vor Gericht auch in ihrer

Alltagskleidung ernst genommen. Alle anderen Länder, auch übergeordnete Gerichte wie der Internationale Gerichtshof in Brüssel (schwarz mit Spitze) oder der Internationale Seegerichtshof in Hamburg (dunkelblau), setzen auf die Symbolkraft von Roben. Sie verhüllen die Alltagskleidung und signalisieren, dass hier der private Mensch mit seinen Vorlieben und Abneigungen hinter seiner Aufgabe zurücktritt, vorurteilsfrei dem höheren Ideal der Wahrheitsfindung zu dienen. In Deutschland wurde die einheitliche Juristentracht 1726 vom wahrscheinlich kurzsichtigen König Friedrich Wilhelm I. von Preußen befohlen, „damit man die Spitzbuben schon von Weitem erkennt". Noch heute könnte ein Anwalt „oben ohne" vom Richter ausgeschlossen werden, auch wenn die Kleiderordnung in Zivilprozessen zunehmend liberalisiert wird.

Im Kindergericht geht es nun weiter zur Verhandlungssache, notfalls auch ohne Roben. Sich dabei an einem Tisch gegenüberzusitzen ist optimal; wenn dagegen alle auf dem Sofa lümmeln und die Blicke schweifen lassen, kommt schwer Konzentration auf. Ein „offizieller" Rahmen schafft Raum für den Respekt, andere ausreden zu lassen, abweichende Meinungen und Anklagen anzuhören. Kinder versuchen sich im Streit gerne mal zu überschreien, dem wird hiermit ein Riegel vorgeschoben, für die Sicherheit, dass auch sie danach in aller Ausführlichkeit ihren Standpunkt klarmachen können. Wer wiederholt andere überbrüllt, muss das Zimmer verlassen und hat auf den weiteren Verlauf der Verhandlung keinen Einfluss mehr. Und ja, auch die verhandlungsführende Mutter oder der Vater muss sich zusammenreißen und ihren/seinen lamentierenden Ton lösungsorientiert versachlichen.

Wichtig ist, dass die Tatbestände der jeweiligen „Delikte“ nur im übertragenen Sinne angewendet werden: Kinder sind natürlich keine „Straftäter“! Im Zweifelsfall sollte man doch lieber „Gnade vor Recht“ ergehen lassen: „Nulla poena sine culpa“ – keine Strafe ohne Schuld.

Zuerst wird der Streitfall von der Anklage, dann aus Sicht der Gegenpartei geschildert: Was ist passiert? Wer war wie daran beteiligt? Welche Folgen hatte das? Was sollte in Zukunft anders werden?

Während einer redet, müssen die anderen schweigen und sich ihr automatisches „Stimmt gar nicht!“ für später aufheben. Jeder trägt oder zeigt dabei seine Beweise vor: „Papa kann bezeugen ...“ Während der Formulierung ihrer Standpunkte als „Plädoyers“ reflektieren die Kinder ihr Verhalten und fassen auch ihre Gefühle und Motivation in Worte: „Ich weiß, dass ich ihn nicht hauen darf – aber er hat mich vorher SOOO wütend gemacht! Ständig hat er uns beim Spielen gestört! Und dann hat er noch meine Puppen geklaut und irgendwo versteckt!“ Anschließend müssen sie dann die „Gegenpartei“ zu dem Fall anhören: „Aber das war voll gemein! Ich wollte nur mitspielen, aber die Mädchen haben mich nicht gelassen! Da war ich wütend.“ Mutter oder Vater stellen zwischendurch als „Richter“ im Namen der Wahrheit Fragen zum Vorgang und fassen das Geschehen dann möglichst für alle Altersstufen verständlich zusammen, um den Konflikt klarzustellen. „Und da hast du dann versucht, ihr Spiel kaputt zu machen, weil du nicht mitspielen durftest?“ – „Ihr Mädchen fändet es aber auch doof, als einziges Kind beim Spiel ausgeschlossen zu werden, oder?“

Anklage und Verteidigung können dabei korrigieren. Anschließend macht jeder einen Vorschlag für eine zufriedenstellend „gerechte“ Lösung. Falls es dabei keine Einigkeit gibt, muss das Urteil des „Richters“ akzeptiert werden: „Du gibst jetzt die Puppen wieder zurück und lässt die Mädchen in Ruhe ihr angefangenes Spiel zu Ende spielen. In einer halben Stunde spielt ihr dann zusammen etwas Neues, das müssen sie hier versprechen. Wenn du vorher trotzdem wieder störst, darfst du danach auch nicht mitspielen und hilfst mir stattdessen in der Küche beim Abwaschen!“

Auch die erfolgreichen „Schlichter“ an Schulen – ältere Kinder, die moderierend die Konflikte ihrer Mitschüler lösen – arbeiten nach diesem Schema. Dabei haben im Gesetzbuch wie im Kinder- oder Klassenzimmer die gleichen gewaltfreien Ziele oberste Priorität:

- Hilfe statt Strafe!
- Im Zweifelsfall für den Angeklagten!
- Resozialisierung statt Stigmatisierung!

Alle Maßnahmen zielen auf Wiedergutmachung plus Lerneffekt ab und sind damit für Kinder, die selten an die Folgen einer Tat denken und noch seltener damit verantwortlich konfrontiert werden, die beste Vorbeugung vor Wiederholung. Falls beispielsweise etwas absichtlich zerstört wurde, wird mit dem heute beliebten Elternsatz „Ach, das können wir doch neu kaufen!“ das falsche Signal gesetzt. Um Kindern zu vermitteln, welche materiellen Schäden entstehen können, wie unterschiedlich Dinge im Wert sein können und dass es „billige“ Dinge gibt, die trotzdem einen hohen ideellen Wert für ihre Besitzer haben (Panini-Bildchen, Lieblingspuppe), sollte die Sanktion entsprechend ausfallen. Es beeindruckt Kinder, dass Erwachsene in einem solchen Fall

„Schadensersatz“ leisten müssen. Ja, sogar Schmerzensgeld zahlen, „nur“ für eine Beleidigung, die Kindern so leicht von den Lippen geht.

Gerade musste deshalb Comedian Oliver Pocher eine Frau zum zweiten Mal entschädigen. Als Reporter bei *Wetten, dass …?* hatte er zu der damals 29-jährigen Zuschauerin gesagt: „Du siehst ganz schön alt aus für dein Alter. Wir haben übrigens 'ne schöne Operationsshow bei ProSieben, da könnte ich Sie mal vorschlagen.“ Die so Beleidigte verklagte ihn und bekam 6000 Euro Schmerzensgeld zugesprochen. Im Januar 2008 witzelte der Schwererziehbare im ZDF aber über das Urteil, die gezahlte Summe reiche ja „weder für das Gesicht noch für etwas anderes“. Da war Schluss mit lustig, Pocher wurde wieder zur Kasse gebeten. Man habe einen „sehr zufriedenstellenden“ Vergleich geschlossen, erklärte der Anwalt der Klägerin. Und, wichtiger: Pocher habe sein erneutes beleidigendes Verhalten auch „bedauert und sich zuletzt sehr vernünftig verhalten“. Geld ist gut, Genugtuung dazu ist besser.

Es beruhigt Kinder zu hören, dass Erwachsene, die ihnen oft allmächtig vorkommen, sich für die Aufrechterhaltung des sozialen Friedens auch an Regeln und Gesetze halten müssen. Wichtig: In der Familie muss „gleiches Recht für alle“ gelten, auch für das eigene Verhalten, sonst ist der gute Wille, sich an Regeln zu halten, schnell verschwunden: Die Kleinen straft man ab, die Großen lässt man laufen. Wer also noch Schokolade essen will, obwohl er es seinen Kindern für heute verboten hat, muss sich entweder selbst disziplinieren – oder die Schokolade sehr, sehr heimlich essen. Alle Beweismittel vernichten. Und hinterher gründlich Zähne putzen.

Natürlich ist bei jeder Untat an § 19 StGB zu denken, der die Strafunmündigkeit von Kindern klarstellt: „Schuldunfähig ist, wer bei der Begehung der Tat noch nicht vierzehn Jahre alt ist.“

Es ist jedoch absolut sinnvoll, Kindern schon früher die Grundprinzipien der demokratischen Rechtsordnung zu vermitteln. So stehen sie mit Erreichen des straffähigen Alters – offiziell ab vierzehn, etliche wollen die Grenze auf frühreife zwölf Jahre senken – nicht völlig überrascht vor den Grundlagen der deutschen Rechtsprechung. Waren sie bisher doch der Meinung, dass Eltern nahezu lebenslänglich für Fehlverhalten ihrer Kinder haften müssten. Dabei haften Eltern höchstens für die Verletzung ihrer Aufsichtspflicht. Von wegen „selber, selber, da lachen alle Kälber“ – ein Kind haftet ab seinem siebten Geburtstag für von ihm angestellte Schäden. Falls das Taschengeld nicht dafür ausreicht, kann ein Geschädigter sogar bis zu dreißig Jahre nach der Tat und dem Erlass eines rechtskräftigen Urteils Schadensersatz verlangen. So hat das Oberverwaltungsgericht in Koblenz entschieden, dass ein Vierzehnjähriger, auch unter Berücksichtigung seiner verzögerten Entwicklung, die Kosten über 10000 Euro für einen Feuerwehr-Einsatz bezahlen muss, weil er grob fahrlässig den Brand einer Scheune verursacht hatte: Schon ein Elf- oder Zwölfjähriger müsse wissen, dass eine glühende Zigarette zu einem Brand führen könne und sie deshalb – zumal in einer Lagerstätte für Stroh – nicht unbedacht weggeworfen werden dürfe.

Noch abschreckender ist der Fall zweier Vierzehnjähriger, die mit illegal beschafften Schreckschusspistolen im Wald herumspielten. Eines Tages hielt einer dem anderen „scherzhaft“ die Pistole vor das Gesicht und betätigte aus

Versehen den Abzug. Der ausgelöste Schuss zerstörte ein Auge seines Freundes und verursachte offene Schädelbrüche. Der Verletzte verklagte den Täter auf Zahlung von 38 000 Euro Schmerzensgeld. Der verteidigte sich, weil er vorher gar nicht nachgesehen habe, ob die Pistole geladen sei, hätte er die Gefahr nicht erkannt. Wenn man ihn nun als Minderjährigen zwinge, eine horrende Summe Schmerzensgeld aufzubringen, sei dies verfassungswidrig. Denn so werde es für ihn unmöglich, sich später eine wirtschaftliche Existenz aufzubauen. Das Oberlandesgericht Celle erklärte jedoch die Forderung des verletzten Jungen für berechtigt und in der Höhe angemessen. Hier gehe es um fahrlässige Körperverletzung. Ein Vierzehnjähriger sei reif genug, um die Gefährlichkeit einer solchen Waffe zu erkennen, zumal die Jungen deren Wirkweise einige Male im Wald erprobt hätten. Dass der Übeltäter nicht gewusst habe, ob die Waffe geladen sei, entlaste ihn nicht: Auf gar keinen Fall hätte er die Waffe aus kurzer Distanz auf das Gesicht seines Freundes richten dürfen. Auch verfassungsrechtliche Bedenken gegen die erhebliche finanzielle Belastung eines Minderjährigen wies das OLG zurück: Der Verletzte sei ebenfalls minderjährig und habe nun lebenslang fortwirkende Schäden zu tragen. Von der privaten Haftpflichtversicherung der Eltern seines Freundes bekomme er nichts (wegen „unbefugten Waffenbesitzes“ des Freundes). Berücksichtige man zudem dessen erhebliches Verschulden, überwiege hier das Interesse des verletzten Jungen.

So schlimm endet „fahrlässige Körperverletzung“ unter Kindern Gott sei Dank selten. Die meisten Vergehen im alltäglichen Zusammenleben können trotzdem problemlos rechtlich identifiziert werden, zum Beispiel:

- Körperverletzung mit und ohne Vorsatz (an den Haaren reißen, kneifen, kratzen, boxen, treten, würgen, jemanden gegen die Wand oder vom Klettergerüst schubsen, ihm beim Spielen aus Versehen „fahrlässig“ einen Stock ins Auge stechen oder das Schulbuch auf den Kopf hauen ...)
- Notwehr („Er hat angefangen!“)
- Vorsätzliche Falschaussage („Das war ich gar nicht!“)
- Verleumdung („Das war der Leon!“)
- Meineid („Das war aber echt der Leon, ich schwör’s!)
- Hausfriedensbruch (gilt für das elterliche Schlafzimmer bei geschlossener Tür ebenso wie für die Zimmer momentan verfeindeter Geschwister)
- Erregung öffentlichen Ärgernisses („MAMA! Der Leon zeigt uns immer seinen nackten Hintern!“)
- Erpressung (sich im Supermarkt hinwerfen und losbrüllen: „Wenn du mir kein Eis kaufst ...“ oder die Drohung: „Ich werde ganz, ganz wüüüütend, wenn du nicht ...“)
- Beleidigung (sämtliche Schimpfwörter)
- Rufmord („So blöd kann doch nur der Leon sein ...“, Dissen, Mobben, Lächerlichmachen)
- Sachbeschädigung (mutwillig oder beiläufig)
- Freiheitsberaubung (von „Du sollst mich LOS-LAAAASSSEN!“ bis „Leon! Mach die Schranktür wieder auf!“)
- Urkundenfälschung (Unterschrift: „Leons Mutta“)
- Gefährdung des Straßenverkehrs (Stöcke auf die Straße werfen, Schneebälle oder Kastanien gegen Autos donnern, auf U-Bahnsteigen und beim Einsteigen drängeln)
- Stehlen

- Belästigung („Oh Mann, Leon! Hau endlich ab!!! Lass uns in Ruhe! MAMA! LEON SOLL UNS ENDLICH IN RUHE LASSEN!“)
- Nötigung („Her mit der Wurst, sonst hol ich den Leon!“)
- Brandstiftung (Zündeln und abhauen, „Scheiße, Leon, nix wie weg!“)
- Beschaffungskriminalität („Los, Leon, hol doch mal die *Playboys* von deinem Vater aus dem Elternschlafzimmer“)
- Umweltgefährdende Abfallbeseitigung (seinen Müll einfach überall fallen lassen, Bananenschalen inklusive)

Strafmildernde Umstände müssen bei der Verhandlung solcher Fälle wie von einem echten Gericht natürlich auch beachtet werden. Da wären beispielsweise

- Ein besonders „schwieriges“ Alter (etwa hysterische Trotzphase bei Dreijährigen, hirnerschütternde Hormonschübe in der Pubertät)
- Chronobiologische Störungen (Irritation der inneren Uhr nach Zeitumstellung von/auf Sommerzeit, Jetlag nach Fernreisen, gestern Abend einen neuen *Harry-Potter*-Band begonnen, späte Spielübertragung bei Fußball-WM/EM)
- Genetische Disposition (auch der zerstreute Kindsvater verbummelt ständig all seine Sachen)
- Besondere seelische Belastungen (Dauerstreit im Elternhaus, schlechte Schulnote geschrieben, im Sportunterricht ausgelacht, andauernde Arbeitslosigkeit der Eltern, Ärger mit der besten Freundin, seit Wochen andauerndes Regenwetter etc.)

- Unterzuckerung durch akuten Hunger
- Überzuckerung oder der Einfluss anderer Drogen (etwa eine Überdosis Computer, TV oder Bastel-Klebstoff, der die Kleinen so richtig überdreht)
- Nervliche Überreizung durch eine außerordentliche Reihe von Feiertagen, die den alltäglichen Tagesrhythmus durcheinanderbringen: Weihnachten, Ostern, zu lang andauernde Sommerferien („Nichts ist schwerer zu ertragen als eine Reihe von guten Tagen"). Auch Erwachsene inszenieren dann gern mal einen Familienstreit, damit endlich wieder Leben in die Bude kommt.
- Klassische Sonntagsnachmittagsdepression vor drohendem Schulbeginn am Montag

Hat man die Untat und ihren Verursacher erst einmal beim Namen genannt, folgen nun mehrere Stufen der weiteren Beurteilung:

1. Die eindeutige Schuld des Täters feststellen

Ruhe bewahren, das hier kann ein bisschen dauern. Kinder spielen gerne auf Zeit, von der sie ja reichlich haben. Sie hoffen, wenn sie die Tatsachen mit einem akustischen Dauerfeuer aus „Stimmt ja gar nicht!", „Er aber auch!", „Das war ich nicht!", „Er aber zuerst" verschleiern, könnten zehn Minuten später nicht nur sie selber, sondern auch verwirrte Erziehungsberechtigte daran glauben. Diese würden daraufhin die Vernehmung erfahrungsgemäß aus Mangel an Nerven oder Langmut abbrechen, wegen Unübersichtlichkeit der Lage von einer Strafe und ihrer Durchsetzung absehen und im Fliehen durch ein harsches „Ab jetzt herrscht aber sofort Ruhe hier!" pädagogisches Rest-Renommee zu wahren versuchen. Das war's dann.

Dagegen zügig ein klares „Ja, ich war's" zu hören ist der Jackpot, aber kaum zu erwarten. In den meisten Fällen muss man den Übeltäter mit Fangfragen à la Sherlock Holmes überführen: „So? Und woher kommen dann die blutigen Kratzer auf Tims Arm, hmm?" Oder: „Na ja, aber warum finde ich dann SEINEN Nintendo unter DEINEM Bett, Schatz?" Bei Gefahr im Verzug oder dem Verdacht auf Vernichtung von Beweismitteln dürfen Kinderzimmer übrigens auch ohne Durchsuchungsbefehl inspiziert werden.

Seien Sie auf Pseudo-Antworten wie „Weiß ich doch nicht!", „Das war der Tim selber!" oder „Was für Kratzer? Wo denn? Seh' ich nicht!" gefasst. Bleiben Sie trotz dieser fortgesetzten Beleidigung Ihrer Intelligenz hart bei der Sache, aber (noch) freundlich im Ton. Das Kind wartet nämlich nur darauf, dass Sie einen Wutanfall bekommen und im Adrenalinrausch völlig vergessen, worum es eigentlich mal gegangen ist. Falls Sie es jetzt anschreien, setzen Sie sich ins Unrecht und werden sowieso ein halbe Stunde später reuevoll mit Versöhnungsschokolade im Kinderzimmer stehen. Und sich fragen, wie Sie eigentlich von der Anklage- in die Verteidigungsposition gerutscht sind.

Atmen Sie also lieber tief durch, bleiben moralisch unangreifbar und gehen über zur nächsten Stufe der Beurteilung:

2. Ist dem Verursacher grobe Fahrlässigkeit vorzuwerfen? Oder handelt es sich um eine vorsätzliche Schuld?

Denn wichtig für ein alters- und situationsgerechtes Urteil ist das Unrechtsbewusstsein. „Unwissenheit schützt vor Strafe nicht" – das wird zur Einschüchterung zwar gerne behauptet, stimmt aber allgemein nicht, wie Dr. jur. Ralf Höcker in seinem *Lexikon der Rechtsirrtümer* schreibt. „Richtig ist: In einer ganzen Reihe von Fällen schützt Unwissenheit sehr wohl vor Strafe ... Täter, die einem sogenannten unvermeidbaren Verbotsirrtum aufliegen, werden nicht bestraft. Ein Verbotsirrtum liegt vor, wenn der Täter zwar sämtliche relevanten Tatumstände kannte, ihm aber trotzdem nicht klar war, dass er etwas Verbotenes tut."

Etwa, wenn der Erstklässler verbotenerweise alleine nach Hause geht und später der hysterischen Mutter, die ihn in der ganzen Schule gesucht hat, erklärt, sein älterer Bruder aus der Vierten hätte in der Pause auf seine Frage gesagt, „das sei schon okay". Mal davon abgesehen, dass die Mutter überglücklich sein wird, ihren Jungen heil wiederzuhaben, bekommt er für die ungewollte Attacke auf Mutters Nerven einen Freispruch auf der ganzen Linie. Im Gegensatz zu seinem Bruder.

Nun sind dem Familiengericht der oder die Täter bekannt, die Tat, das Motiv und das Ausmaß der Schuld. Auf ein gelangweiltes „Ich mach's nicht wieder", um straffrei auszugehen, sollten Sie sich beim gleichen Delikt nur die ersten drei Male einlassen („Bewährung").

Ansonsten folgen eine Urteilsfindung und die Durchsetzung einer entsprechenden Sanktion. Gerichte sind wie Eltern: Beide mühen sich bei der Lösung von nahezu aussichtlosen Konflikten um größtmögliche Gerechtigkeit; wissen dabei zwar, dass es keine absolute Gerechtigkeit geben kann, man aber dennoch zu einer Bewertung und einem Urteil finden muss. Und sich damit nicht immer bei allen beliebt macht: „Oh Mann, ich soll jetzt seine blöde Bude aufräumen? Das ist aber gemein!" Doch wie sagte schon der Dichter Dante so ermutigend: „Der heißeste Platz der Hölle ist für jene bestimmt, die in Zeiten der Krise neutral bleiben." Wenn Aussage gegen Aussage steht, kann der

„Familienrichter" übrigens nach seiner Überzeugung trotzdem eine Entscheidung treffen. Nur falls ihm die Schuld des Täters unsicher und unwahrscheinlich scheint, muss er ihn „im Zweifel für den Angeklagten" freisprechen. Falls aber an der Version des Opfers kein Zweifel besteht, muss man dem Täter seine Schuld nicht erst minutiös nachweisen, um ihn zu sanktionieren.

3. Rechtsfolgen im Kindergericht sind meistens

- Schadensersatz
- Schmerzensgeld
- Soziale Arbeit

Also etwa:

- Stehlen: zurückgeben, sich entschuldigen
- Beleidigung: entschuldigen oder Schmerzensgeld zahlen (durch Teilabgabe von Taschengeld)
- Körperverletzung: Hilfe bei der Wiederherstellung der körperlichen Unversehrtheit, eventuell gestaffeltes Schmerzensgeld
- Sachbeschädigung: Hilfe bei der Wiederherstellung des Urzustandes oder Schadensersatz (Spielzeugtausch, wenn etwas beschädigt wurde)

Dort, wo es keinen direkten Umkehrschluss gibt, sollten allgemeine, gemeinnützige Mittel wie soziale Arbeit (im Haushalt helfen, das Zimmer gerade attackierter Geschwister aufräumen, Küchendienst) oder Verbote (Zimmer der Schwester nicht betreten) eingesetzt werden, die in möglichst engem Zusammenhang mit der Tat stehen.

- Pfändung (ein Spielzeug muss wegen groben Undanks vorübergehend oder dauerhaft abgegeben werden)
- Eine Woche lang auf den Lieblingssaft verzichten müssen
- Fernseh- und Computerspielverbot
- Streichen des Zoo-Besuchs
- Mit den Geschwistern spielen oder bei den Hausaufgaben helfen

Hauptsache, die Kinder fühlen sich bei dem ganzen Prozess als „geborene Rechtsperson" ernst genommen; gesehen, gehört, so wie sie die Konfliktsituation erlebt haben. Nur wer sich in seiner Wut (oder seinem „gerechten Zorn") verstanden fühlt, ist auch selbst zum Verständnis für andere Standpunkte bereit. Das versetzt die Streitenden oft sogar in die Lage, selber eine Lösung zu finden.

Eltern wollen übrigens auch gehört und respektiert werden. Als „Nebenkläger" können sie endlich auch mal ihre eigene psychische wie physische Verfassung einbringen. So wird man möglichst allen gerecht. Die Sozialkompetenz-Kosten des Verfahrens tragen alle zusammen: Zeit und Geduld. Man kann so eine „Gerichtsverhandlung" auch mal mit der Videokamera filmen und es sich im Nachhinein zusammen anschauen. Und für die Enkelkinder aufbewahren.

Szene aus dem Kindergericht

Zur Veranschaulichung des Prozesses hier ein Blick in eine kindgerechte Musterfamilie: Der Vater, Johannes, ist Richter. Seine Frau Christine war einmal Anwältin, hat aber für die drei Kinder den Job aufgegeben, um nun zu Hause für Recht und Ordnung zu sorgen. Sie ist schwanger mit dem vierten Kind. Die Kinder sind Jonas (14), Klara (9) und der sechsjährige Leon. Gemeinsam leben sie am Rand einer mittelgroßen Stadt in einem Endreihenhaus mit Garten. Mit von der Partie ist ihr Golden Retriever Goldie. In der folgenden Szene haben die Kinder schon einige Lektionen hinter sich und sind langsam auch schon mit der Terminologie vertraut ...

Der vierzehnjährige Jonas kommt in die Küche:

„Mama, der Leon soll jetzt endlich abhauen! Die ganze Zeit kommt der in mein Zimmer und ärgert mich und meine Freunde! Immer folgt der uns überallhin!"

„Schatz, lass ihn doch ..."

„Nix da, das fällt ja wohl klar unter Stalking!"

Staatsanwältin Mutter setzt seufzend ihren Milchkaffee ab.

„Hast du schon einen Platzverweis ausgesprochen?"

„Na, was glaubst du denn? Der hört trotzdem nicht auf."

„Also, dann sag deinem Bruder, dass ich ihn bei einer weiteren Zuwiderhandlung in Gewahrsam nehmen werde. Dann kann er seine Ordnungshaft bei mir in der Küche absitzen."

„Danke, Mama."

Nach kurzer Zeit hört sie wildes Geschrei, dann kommt ihr Jüngster in die Küche gerannt.

„Das ist Verleumdung, voll üble Nachrede!"

Jonas kommt hinterher.

„Von wegen! Falls du mir nicht glaubst, hole ich Klara als Nebenklägerin, der gehst du nämlich auch die ganze Zeit auf die Nerven."

Ihre neunjährige Schwester kommt hereingeschlendert.

„Das kann ich bezeugen, der Leon stört mich auch die ganze Zeit bei den Hausaufgaben, sonst wär ich schon längst damit fertig. Den Ausfall von Freizeit muss er mir vergüten. Außerdem reißt er mich immer an den Haaren. Wegen erlittener Beeinträchtigungen verlange ich Schmerzensgeld."

Staatsanwalt Mutter wendet sich an Leon: „Nun? Was hast du zu deiner Verteidigung zu sagen?"

Der Sechsjährige fängt an zu heulen und haut nach seiner Schwester, die routiniert ausweicht.

„Verwandte müssen gar nicht gegeneinander aussagen, du blöde Tusse! Und was ist mit meinem Recht auf ein altersgemäßes Sozialleben? Keiner spielt mit mir! Wenn ich dazukomme, hauen alle ab! Das ist ... das ist ... voll ... Mobbing!"

Seine Stimme wird lauter: „Scheiß-Familienbetrieb! Das ist soooo UNGERECHT!"

Richterin Mutter schließt kurz die Augen. Sie sehnt sich nach der guten alten Berufszeit im Gericht, als sie die randalierenden Parteien mit Polizeigewalt aus der Küche, äh, dem Saal schleppen lassen konnte. Dann erhebt sie sich von ihrem Stuhl.

„Im Namen des Familienfriedens ergeht folgendes Urteil: Leon, die Beweislast ist erdrückend. Das Haarereißen ist Körperverletzung, und wie ich sehr gut weiß, bist du da leider Wiederholungstäter! Ein Geständnis würde mich milder stimmen. Du gibst als Schadensausgleich Klara sofort deine Schokoriegel von der letzten Geburtstagsparty."

„NÖ, da lege ich Revision ein!! Ich warte auf Papa, der gibt mir ein psychi ... pücho ..."

„Das heißt psychologisch, du Idiot!"

„Jonas! Keine weiteren Beleidigungen!"

„... ein psychologisches Gutachten, weil meine, meine ...

Grenzüberschreitungen na, doch nur ein Dings, ein ... jedenfalls nach Aufmerksamkeit sind ..."

„Bei Zuwiderhandlung wird das Taschengeld für diese Woche einbehalten. Und für den Rest des Nachmittags spreche ich hiermit eine Wegweisung von den Zimmern deiner Geschwister aus. Um deinem Bedürfnis nach altersgemäßer Betreuung und Förderung Rechnung zu tragen, holst du uns jetzt das Mensch-ärgere-Dich-nicht, dann spiele ich eine Stunde mit dir."

Mutter Richterin wendet sich an ihre Kinder:

„Und damit diese ständigen Streitereien mal aufhören, verdonnere ich euch drei noch zu sozialer Arbeit: Ihr deckt heute zusammen den Abendbrottisch und macht anschließend den Abwasch. Das wird euren Gemeinsinn stärken und hoffentlich langfristig für eine günstigere Sozialprognose sorgen. "

„Aber ..."

„Ruhe, alle Parteien! Die Sitzung ist geschlossen! Bei Zuwiderhandlung gibt es eine Woche Medienverbot für alle. Und jetzt raus aus meinem Saal!" Sie sinkt auf ihren Stuhl zurück und greift nach ihrem kalten Milchkaffee: „Die Sitzung ist geschlossen. Ihr erfüllt mittlerweile den Tatbestand der fortgesetzten Belästigung. RAUS!"

Die Fälle

Keine Strafe ohne Gesetz

§ 1
StGB

Eine Tat kann nur bestraft werden, wenn die Strafbarkeit gesetzlich bestimmt war, bevor die Tat begangen wurde.

■ **Kindgerechte Anwendung:**
Eltern sollten sich rechtzeitig darüber klar und einig werden, welche Gesetze in ihrer Familie gelten sollen. Dazu gehören neben allgemeinen Umgangsformen auch individuelle Strafbarkeiten wie „das Treppengeländer runterrutschen", „nach dem Gutenachtsagen öfter als dreimal wieder im Wohnzimmer erscheinen" oder „den Hund an den Ohren ziehen". Absolut verbotene Sachen – andere hauen, kratzen, Dinge zerstören oder wegnehmen – müssen deutlich vorab zu strafbaren Untaten erklärt werden. Der Katalog der verbotenen Dinge sollte ab und zu dem Alter der Kinder und der Situation angepasst werden (neue Familienmitglieder, neue Wohnung etc.).

■ **Das Urteil:**
Als nette Regierung sollte man keine Dinge bestrafen, die zur altersgerechten Entwicklung gehören (trotzende Kleinkinder, alltagsuntauglich verträumte Vorschulkinder in der Phase des „magischen Denkens"). Informieren Sie sich also rechtzeitig über anstehende Entwicklungsstufen. Wichtig ist immer das „Unrechtsbewusstsein" bei einer Tat! Wirk-

lich Verbotenes ist dabei zu erschweren. Es ist gemein, eine Süßigkeitenschublade in Kniehöhe des Kindes einzurichten, diesem aber die Selbstbedienung daraus streng zu untersagen. Das könnte leicht unter Verführung Minderjähriger fallen. Wenn ein Kind nun trotz wiederholter Verbote an Hundeohren reißt, ziehen Sie es natürlich nicht ebenfalls an den Ohren, um „quäle nie ein Tier zum Scherz, denn es fühlt wie du den Schmerz“ erfahrbar zu machen. Stattdessen darf das Kind den Hund zum Tierschutz eben eine Weile gar nicht mehr anfassen, auch nicht stolz beim Promenieren vor den Kindergartenfreunden an der Leine führen. Schon um zu verhindern, dass der Hund eines Tages zurückbeißt.

Absehen von Strafe

§ 60 StGB

Das Gericht sieht von Strafe ab, wenn die Folgen der Tat, die den Täter getroffen haben, so schwer sind, dass die Verhängung einer Strafe offensichtlich verfehlt wäre. Dies gilt nicht, wenn der Täter für die Tat eine Freiheitsstrafe von mehr als einem Jahr verwirkt hat.

■ **Kindgerechte Anwendung:**

Line hat längere Zeit vergessen, ihre Fische zu füttern – am Morgen treiben sie bäuchlings im Aquarium. Olaf vergisst häufiger, sein schönes neues Rad abzuschließen – plötzlich ist es weg. Nun muss er fünfzehn Minuten früher aufstehen und zu Fuß zur Schule gehen. Helge hat am Morgen so lange herumgetrödelt, dass er den Ausflugsbus um zehn Minuten verpasst – nun hat er eben keinen schönen Tag mit seinen Freunden im Tierpark.

■ **Das Urteil:**

Der ist genug gestraft, hieß es früher schon lapidar. Line ist supertraurig, was nicht bedeutet, dass man ihr deswegen sofort einen neuen Satz Fische kaufen muss. Oder gar Olaf ein neues Rad. Er sollte ruhig noch eine Weile zu Fuß gehen, um den Besitz eines Rads besser schätzen zu lernen und künftig besser darauf aufzupassen. Dinge haben einen Wert, Lebewesen noch mehr als Gegenstände. Helge sollte auch nicht in einer Kamikazefahrt dem

Bus hinterhergefahren werden – so lernt er, dass nicht alle auf ihn warten. Trösten wird man die Kinder in ihrem selbst verschuldeten Unglück natürlich trotzdem.

Beihilfe

§ 27 StGB

(1) Als Gehilfe wird bestraft, wer vorsätzlich einem anderen zu dessen vorsätzlich begangener rechtswidriger Tat Hilfe geleistet hat.

(2) Die Strafe für den Gehilfen richtet sich nach der Strafdrohung für den Täter.

▪ **Kindgerechte Anwendung:**
Viele Täter hoffen, zusammen wäre man weniger alleine schuld: Der kleine Bruder soll „Schmiere“ stehen, während der große sich Papas verbotene *Playboy*-Sammlung ausleiht. Oder beim gemeinschaftlich begangenen Raub auf dem Schulhof: „Ich halte ihn fest, dann kannst du ihm seine Wurstbrote wegnehmen.“ Oder ein Viertklässler stiftet einen Zweitklässler an: „Hey, du bist doch bestimmt cool, schubs den Typen da drüben mal, der lässt mich nie abschreiben ...“

▪ **Das Urteil:**
Die Strafe für den „Täter im Hintergrund“ muss geringer ausfallen, gerade wenn er auch noch deutlich jünger ist als der Anstifter. Hilfreich als Sanktion bei Körperverletzungsdelikten ist immer der Täter-Opfer-Ausgleich, das heißt auch der „Gehilfe“ muss sich mit dem „Geschädigten“ aussöhnen. Ihre Mitschuld einzusehen ist für viele Kinder schwierig: „Aber der hat doch gesagt, ich soll ...“

Als Anwalt kann da ein Elternteil oder größeres Geschwisterkind fungieren (siehe „Schlichter“ in Schulen). Kinder sollten lernen, gut nachzudenken und selber zu urteilen, ehe sie sich von anderen zu unredlichen Dingen anstiften lassen. Und dann selbstbewusst „Nein, mach ich nicht“ zu sagen, auch wenn sie dafür „Lahmarsch“ oder „Verräter“ genannt werden sollten (siehe: Beleidigung).

Beleidigung

§ 185 StGB

Die Beleidigung wird mit Freiheitsstrafe bis zu einem Jahr oder mit Geldstrafe und, wenn die Beleidigung mittels einer Tätlichkeit begangen wird, mit Freiheitsstrafe bis zu zwei Jahren oder mit Geldstrafe bestraft.

■ **Kindgerechte Anwendung:**
Kindermund tut Wahrheit kund, die Wahrheit ist aber sehr subjektiv und kann manchmal ganz schön wehtun: „Blinde Brillenschlange!", „Du Kackiwurst", „Blöde Sau" oder andere Schimpfwörter. In späteren Jahren gesellen sich mit zunehmender Schulbildung auch Unwörter wie „geile Nutte", „Schlampe" oder „Wichser" dazu. Oft werden sie benutzt, ohne über den genauen Gehalt des Wortes Bescheid zu wissen. Ein Viertklässler, gefragt, was denn das von ihm benutzte „geil" eigentlich bedeuten würde, antwortete ernsthaft und botanisch korrekt, dies sei die Bezeichnung für wild wuchernde Pflanzentriebe. Da kann man noch etwas dazulernen.

■ **Das Urteil:**
Wird die Beleidigung („Boah, du bist aber fett!") in aller Unschuld ausgesprochen und handelt es sich dabei nicht um eine wiederholte Untat, sollte man das wahrscheinlich kleine Kind unter vier Augen auf die verletzten Gefühle des Beleidigten hinweisen und

es ernsthaft bitten, so etwas nicht mehr laut zu sagen (Bewährung). Die Gedanken bleiben dagegen frei.

Wird die Beleidigung wirklich vorsätzlich ausgesprochen, um einem anderen seelisch wehzutun (verbale Gewalt), sollte man zudem an eine Schmerzensgeldforderung denken (siehe Oliver Pocher). Das Kind müsste dem anderen einen kleinen Betrag von seinem Taschengeld oder ein kleines Spielzeug abgeben. Außerdem sollte sich das Kind bei dem Betroffenen entschuldigen. Worte können scharfe Waffen sein, Kinder sollten lernen, sie mit Vorsicht zu gebrauchen.

Bestechung

§ 334 StGB

(1) Wer einem Amtsträger, einem für den öffentlichen Dienst besonders Verpflichteten oder einem Soldaten der Bundeswehr einen Vorteil für diesen oder einen Dritten als Gegenleistung dafür anbietet, verspricht oder gewährt, dass er eine Diensthandlung vorgenommen hat oder künftig vornehme und dadurch seine Dienstpflichten verletzt hat oder verletzen würde, wird mit Freiheitsstrafe von drei Monaten bis zu fünf Jahren bestraft. In minder schweren Fällen ist die Strafe Freiheitsstrafe bis zu zwei Jahren oder Geldstrafe.

(2) Wer einem Richter oder Schiedsrichter einen Vorteil für diesen oder einen Dritten als Gegenleistung dafür anbietet, verspricht oder gewährt, dass er eine richterliche Handlung

1. *vorgenommen und dadurch seine richterlichen Pflichten verletzt hat oder*
2. *künftig vornehme und dadurch seine richterlichen Pflichten verletzen würde,*

wird in den Fällen der Nummer 1 mit Freiheitsstrafe von drei Monaten bis zu fünf Jahren, in den Fällen der Nummer 2 mit Freiheitsstrafe von sechs Monaten bis zu fünf Jahren bestraft. Der Versuch ist strafbar.

- **Kindgerechte Anwendung:**

Mutter und Vater sind würdige Richter und Schiedsrichter in der Kinderwelt. Unparteiisch. Unbestechlich. Bis die Kinder ihre stärksten Waffen herausholen.
„Papa ... Du Papaaa ..."
„Hmmm?"
„Papa, hier, ich hab dir ein Bier aus dem Kühlschrank geholt ..."
„Los, raus mit der Sprache. Was willst du?"
„Du Papa ... Kommst du mit mir zum Tokio-Hotel-Konzert? Alle meine Freundinnen gehen ... mit ihren Vätern dahin!"
„Nie im Leben!"
„Ach biiitte, Papa!" Es folgt zweckgebundene Anschmiegsamkeit und ein flehender Blick aus wunderschönen, riesigen Augen.
„Ähhh ... Aber Mama hat es doch streng verboten!"
„Ach, diiieeee ... (kuschel) ... Mama versteht mich einfach nicht! Aber du, du verstehst mich doch, Papa, du bist doch selber noch total jung und cool!"
„Ööhhh, na ja ..."
„Oh toll! Wusste ich's doch! Du bist einfach der BESTE!"

Mütter dagegen werden in Versuchung geführt, wenn ihre Söhne ihnen sagen:
„Du bist wirklich die schönste Mama der Welt! Sagen meine Freunde aus dem Basketball-Team auch immer!"

„Hihi, so ein Quatsch ... wirklich?"
„Echt! Sag mal, nächstes Wochenende kommt übrigens das Team aus Berlin zu einem Basketballspiel zu uns ... und die Jugendherberge ist total voll ..."
„NIE IM LEBEN!"
„Ach Mama, komm, du bist doch nicht so spießig wie Papa!"
„Aber für nächstes Wochenende hatte deine Schwester doch schon seit Wochen ihre Pyjama-Party geplant!"
„Mann, Mama, die kann sie doch wohl immer machen! Soll vielleicht unser Spiel am Wochenende deswegen ausfallen? Komm, sag Caro, dass sie ihre Party wann anders machen soll."
„Ich weiß nicht ..."
„Und ich brenn dir dafür auch eine CD mit Supermusik! Da kannst du vor deinen Freundinnen richtig mit angeben!"
„ Das ist aber eigentlich nicht okay."
„Und du kriegst meinen Nintendo und sämtliche Spiele für die ganze nächste Woche. Bitte, Mama!
„Na ja ... dann hol mir doch bitte mal die Caro her."
„Danke! Du bist echt die Beste!"
(Nimmt sie heftig in die Arme.)

■ **Das Urteil:**

Natürlich sollte man sich durch solche billigen Bestechungsversuche nicht herumkriegen lassen, seinen Prinzipien untreu zu werden oder dem verpartnerten Co-Erzieher pädagogisch in den Rücken zu fallen. Aber die liebevolle Bewunderung ihrer Kinder ist für deutsche Familienoberhäupter das, was in südländischen Kulturen der Koffer mit Geldbündeln ist – sehr, sehr schwer zurückzuweisen. Machen Sie sich vorher klar, was Sie für keine Währung der Welt zu tun bereit wären, verschließen Sie in diesen Fällen Ohren, Augen und Herz und bleiben hart bei Ihrem NEIN (siehe Erpressung).

Beteiligung an einer Schlägerei

§ 231 StGB

(1) Wer sich an einer Schlägerei oder an einem von mehreren verübten Angriff beteiligt, wird schon wegen dieser Beteiligung mit Freiheitsstrafe bis zu drei Jahren oder mit Geldstrafe bestraft, wenn durch die Schlägerei oder den Angriff der Tod eines Menschen oder eine schwere Körperverletzung (§ 226) verursacht worden ist.

(2) Nach Absatz 1 ist nicht strafbar, wer an der Schlägerei oder dem Angriff beteiligt war, ohne dass ihm dies vorzuwerfen ist.

■ **Kindgerechte Anwendung:**
Kaum ein Junge kommt ohne Beteiligung an Schlägereien durch seine Kindheit – ob nun aktiv im Angriff oder passiv als Opfer. Mädchen werden seltener tätlich. Dreckige Jacken vom Auf-dem-Boden-Wälzen, Kratzer, Schrammen und blaue Flecken zeugen von den kindlichen Rangordnungskämpfen in der Schule oder Familie. Oft verbünden sich auch mehrere zu einem Angriff – so werden Allianzen und Freundschaften geschmiedet („Ich komme dir zur Hilfe! Wir sind in einem Team!“). Als schockierte Eltern sollte man sich – nach Verarztung eventueller Wunden – genau über den Hergang informieren und versuchen, die

Lage des Kindes einzuschätzen. Und auch seine Meinung einbeziehen („Wieso? Das war super!"). „Hau einfach so doll wie möglich zurück!" ist ein klassischer Satz von empörten Vätern, die sich durch Schrammen am defensiven Sohn selber in ihrer „Ehre" verletzt fühlen. Hilfreich ist das natürlich nicht.

- **Das Urteil:**

Sollte sich dabei herausstellen, dass ein Kind in der Schule oder im Kindergarten von anderen gezielt verfolgt und „gemobbt" wird, muss der zugrunde liegende Konflikt sofort unter Einbeziehung von Lehrern, Erziehern und allen Beteiligten gelöst werden. Abwarten bringt da gar nichts (siehe: Üble Nachrede/Verleumdung). Ein solches Opfer wiederholter Angriffe (siehe: Körperverletzung) könnte zudem einen Karate- oder Selbstverteidigungskurs besuchen, um sein körperliches Selbstbewusstsein wiederzuerlangen oder zu stärken. Doch diese Extremfälle sind bei Grundschulkindern zum Glück eher selten. Eltern sollten deshalb nicht bei jeder „altersüblichen" Erprobung körperlicher Kräfte eingreifen. Pfarrer Thomas Hartmann, Vater von vier Kindern und Autor des Buches *Schluss mit dem Gewalt-Tabu!*, hält es für falsch, jede aggressive Regung bei Kindern sofort unterdrücken zu wollen, wie es die Friedenspädagogik der 70er-Jahre propagierte und was bis heute nachwirkt. „Wilde Rollenspiele wie Räuber und Gendarm, Raufen und

Toben sind deshalb immer noch in Misskredit. Rangeleien haben leider einen schlechten Ruf", sagt Pfarrer Hartmann. Kinder verlernten durch das Unterdrücken jeglicher Aggression eben auch, mit ihr umzugehen. Manche würden dadurch depressiv oder irgendwann „plötzlich explodieren". Kinder sollten mit zunehmendem Alter ihre Kräfte immer besser einschätzen und kontrollieren lernen. Sich immer besser in die Gefühlswelt des „Gegners" hineinversetzen können und sein Recht auf körperliche Unversehrtheit achten. Sollte ein Kind ein anderes wirklich im Eifer des Gefechts verletzt haben (siehe: Fahrlässige Körperverletzung), ist natürlich trotzdem eine Entschuldigung fällig.

§ 263 StGB Betrug

(1) Wer in der Absicht, sich oder einem Dritten einen rechtswidrigen Vermögensvorteil zu verschaffen, das Vermögen eines anderen dadurch beschädigt, dass er durch Vorspiegelung falscher oder durch Entstellung oder Unterdrückung wahrer Tatsachen einen Irrtum erregt oder unterhält, wird mit Freiheitsstrafe bis zu fünf Jahren oder mit Geldstrafe bestraft.

(2) Der Versuch ist strafbar.

■ **Kindgerechte Anwendung:**
Lug und Trug wohnen hinter glatten Kinderstirnen. Beim Versuch, an etwas Begehrenswertes aus dem Besitz eines anderen Kindes zu kommen, greifen Kinder schnell zu betrügerischen Methoden:
„Der Sticker hier ist total selten, deshalb ist er mindestens drei Silbersticker wert!“
„Ich weiß nicht ...“
„Ey, ich schwör's!“ (siehe: Meineid)
Bei kleineren Kindern sollte man die „betrügerische Absicht“ überprüfen, wenn sie zum Erlangen ihres Zieles fantasievolle Geschichten erfinden. Im Alter des magischen Wunschdenkens können sie durchaus von ihrer Version der Wahrheit überzeugt sein: Ich mach mir die Welt, wie sie mir gefällt.

■ **Das Urteil:**
Schwierig. In der Welt der Großen gilt es ja durchaus als „clever“, sich unter Vorspiegelung falscher Tatsachen geschäftliche Vorteile zu ergaunern. Und „große Betrüger“ und Hochstapler wie zum Beispiel Felix Krull werden für ihre Fantasie und konsequente Durchführung widerwillig geachtet und bewundert – Frechheit siegt.

Bei kleinen Kindern sollte man sich erst mal ihre Version erzählen lassen und diese gemeinsam einem vorsichtigen Realitäts-Check unterziehen. Bei größeren an ihre Fairness appellieren: „Hältst du das wirklich für gerecht, Oma am Telefon zu erzählen, du wärst krank, weil sie dir dann immer ein Päckchen schickt?“ Anschließend das Kind für die Gefühle des von ihm „Betrogenen“ sensibilisieren: „Oma macht sich doch Sorgen um dich. Und was glaubst du, wie sie sich fühlt, wenn herauskommt, dass du gar nicht krank warst?“ Um schließlich warnend mit der alten Weisheit „Wer dreimal lügt, dem glaubt man nicht“ zu schließen. Kann natürlich sein, dass das kluge Kind dann froh antwortet: „Dann hab ich ja noch zweimal frei.“

Sollte es allerdings einen Klassenkameraden oder ein Geschwisterchen übel übers Ohr gehauen haben, müsste es den unrechtmäßig erworbenen Gewinn zurückgeben und sich entschuldigen.

§ 127 StGB Bildung bewaffneter Gruppen

Wer unbefugt eine Gruppe, die über Waffen oder andere gefährliche Werkzeuge verfügt, bildet oder befehligt oder wer sich einer solchen Gruppe anschließt, sie mit Waffen oder Geld versorgt oder sonst unterstützt, wird mit Freiheitsstrafe bis zu zwei Jahren oder mit Geldstrafe bestraft.

■ **Kindgerechte Anwendung:**
Wer an einem Spielnachmittag mehr als zwei Jungs im Haus hat, beherbergt zwangsläufig nach kurzer Zeit eine bewaffnete Bande. Darüber, wer diese befehligt, wird erbittert, aber zumeist freundschaftlich gekämpft. Kleine Jungen benutzen dazu Holz- und Plastikschwerter, Anthroposophen selbst gebastelte Schleudern und Bioerbsen, größere Schulkinder und Ex-Anthroposophen (Wasser)-Pumpguns, gegen die die Wasserwerfer der Polizei harmlos wirken. An Halloween streifen dazu verkleidete, bis an die Vampirzähne bewaffnete Banden mit Sensen (klassischer Stil) oder täuschend echten Softair-Pistolen (postmoderner Stil) von Haus zu Haus und verlangen von den Bewohnern Geld oder Süßigkeiten. Sonst drohen sie die Haustür mit Rasierschaum und Klopapier zu versauen oder pinkeln in die Kürbislaterne (siehe: Erpressung).

Eine Mutter, die der Bande Unterstützung durch Bionade, Opferrolle und Pflaster verweigert, hemmt die lieben Kleinen in ihrer altersgerechten Entwicklung und sollte zumindest einen gewaltfreien, alternativen Spielvorschlag anbieten. Besser macht sie gemeinsame Sache mit den Wilden und behält dafür die Gefahr im Auge.

■ **Das Urteil:**

Kleine Ritter, Piraten oder Räuber sollten sich unter den wachsamen Augen einer Aufsicht austoben dürfen. Kopf und Hals sind dabei Tabuzonen, und alle zehn Minuten sollte ihnen präventiv ein kleiner Vortrag über die Gefahren gehalten werden. Größeren Jungen kann man zur Beruhigung des eigenen Gewissens auch einen größeren Vortrag über die Anzahl von Kriegen auf der Welt halten und dass Papi den Wehrdienst verweigert hat. Wenn sie zu sehr nerven, treibt ein Spendenaufruf für „Ärzte ohne Grenzen" die Waffenträger zuverlässig aus dem Haus.

Das Spielen mit „coolen" Softair-Pistolen, vor allem auf offener Straße und im Besonderen in Nähe von Banken, ist da schon deutlich gefährlicher. In Amerika wurde ein Teenager mit einer sogenannten Anscheinwaffe von Polizisten erschossen, die glaubten, der Junge wolle damit in seiner Schule Amok laufen. Der Bundestag beschloss daher im Februar 2008 eine Änderung des Waffenrechts, welche das

Führen täuschend echt aussehender Schusswaffen-Attrappen und gefährlicher Messer in der Öffentlichkeit untersagt. Das Verbot gilt für Imitate von Pistolen und Revolvern ebenso wie für sogenannte Softair-Waffen, die mit Druckgas Plastikkugeln verschießen. Betroffen sind zudem sogenannte Einhandmesser, die mit einer Hand ausklappbar sind, und Messer ab einer feststehenden Klingenlänge von zwölf Zentimetern. Verstöße sollen als Ordnungswidrigkeiten behandelt und mit Bußgeld geahndet werden.

An Halloween ufern die „Streiche“ leider immer häufiger in Straftaten aus. Der „Deutsche Rechtsanwalt Zentralruf“ mahnt: „Im Schutz der Dunkelheit, vermeintlich geschützt durch Masken und in der Gruppe, fällt bei vielen Kindern und Jugendlichen die Hemmschwelle. Oft werden Wände beschmiert, Autoschlösser verklebt oder Blumenkästen zerstört. Dies erfüllt den Tatbestand der Sachbeschädigung. Wer Böller in Briefkästen wirft, Hausmüll auf Gehwegen verteilt, Pflanzen ausreißt oder Eier auf vorbeifahrende Autos wirft, macht sich ebenfalls strafbar. Kanaldeckel auf der Straße sind zudem lebensgefährlich. Wer einem anderen Kind den Süßigkeitenbeutel wegnimmt und Prügel androht, macht sich des Raubes schuldig. Schlägt ein Minderjähriger zu, begeht er sogar eine Körperverletzung.“

Eltern kleiner Hexen und Teufel wird geraten, ihre Kinder sicherheitshalber auf der Halloween-Tour zu begleiten und zu beaufsichtigen – bei Gegenwehr notfalls auch heimlich.

§ 324a StGB Bodenverunreinigung

(1) Wer unter Verletzung verwaltungsrechtlicher Pflichten Stoffe in den Boden einbringt, eindringen lässt oder freisetzt und diesen dadurch

1. *in einer Weise, die geeignet ist, die Gesundheit eines anderen, Tiere, Pflanzen oder andere Sachen von bedeutendem Wert oder ein Gewässer zu schädigen, oder*
2. *in bedeutendem Umfang verunreinigt oder sonst nachteilig verändert, wird mit Freiheitsstrafe bis zu fünf Jahren oder mit Geldstrafe bestraft.*

(2) Der Versuch ist strafbar.

(3) Handelt der Täter fahrlässig, so ist die Strafe Freiheitsstrafe bis zu drei Jahren oder Geldstrafe.

▪ **Kindgerechte Anwendung:**
Wo ein Kind isst, da findet eine Bodenverunreinigung statt; je kleiner das Kind, desto größer der Schaden. Schleimige Nudelreste, halb gekaute, dann ausgespuckte Gemüseteilchen, rote Tomatensoße und verschütteter Apfelsaft schaffen eine ebenso klebrige wie rutschige Gefahrenzone um den Essplatz. Bevorzugte Tatorte der Bodenverunreinigung sind die Küche, das Kinderzimmer (Knete, Fingerfarben, Ministeck-Teilchen, zertretene Kirschen

und Weintrauben, die Mutter eben liebevoll auf einem Obsttellerchen hereingereicht hat) oder das Bad, wo eine Schlammschicht auf dem Boden bezeugt, dass das Kind hier seine lehmigen/hundekackeverseuchten Gummistiefel abgespült hat (siehe Herbeiführen einer Überschwemmung). Zumindest die nervliche Gesundheit der Mutter wird dadurch in bedeutendem Umfang geschädigt.

■ **Das Urteil:**

Kinder in der Breiphase gehen straffrei aus. Alle größeren handeln fahrlässig und sorgen erfahrungsgemäß nicht für präventive Schutzmaßnahmen (großräumige Abdeckung mit Servietten, den Stuhl nah an den Esstisch heranrücken, das Apfelsaftglas nicht in den Ellenbogenradius auf die Tischkante stellen etc.), obwohl ihnen diese bekannt sein müssten (siehe § 1 StGB: Keine Strafe ohne Gesetz). Die Verursacher müssen deshalb je nach Alter und Kräften bei der Beseitigung der Schweinerei helfen. Bei Verunreinigungen durch Fingerfarben ist der schuld, der sie heimgebracht hat (so etwas Schweinisches zu verkaufen sollte verboten werden). Das „Kindergericht“ arbeitet an der entsprechenden Gesetzesinitiative.

§ 306 StGB Brandstiftung

(1) Wer fremde
1. Gebäude oder Hütten,
2. Betriebsstätten oder technische Einrichtungen, namentlich Maschinen,
3. Warenlager oder -vorräte,
4. Kraftfahrzeuge, Schienen-, Luft- oder Wasserfahrzeuge,
5. Wälder, Heiden oder Moore oder
6. land- , ernährungs- oder forstwirtschaftliche Anlagen oder Erzeugnisse
in Brand setzt oder durch eine Brandlegung ganz oder teilweise zerstört, wird mit Freiheitsstrafe von einem Jahr bis zu zehn Jahren bestraft.

(2) In minder schweren Fällen ist die Strafe Freiheitsstrafe von sechs Monaten bis zu fünf Jahren.

▪ **Kindgerechte Anwendung:**
Alle Kinder aller Altersstufen sind von offenem Feuer fasziniert. Sitzen lange vor dem flackernden, knisternden Kamin oder Lagerfeuer, in dem ihr Stockbrot oder Würstchen qualmt. Kokeln mit Hingabe Streichhölzer, Ästchen und Kiefernnadeln ab. Laufen mit lodernden Fackeln oder Laternen in der Hand beim Martinsumzug mit. Lieben es, wenn die echten Bienenwachskerzen am Weihnachtsbaume brennen. Sind begeistert, wenn Funken

stieben. – Und können selten einschätzen, wie schnell aus einem Funken ein gefährlicher und teurer Flächenbrand wird.

▪ **Das Urteil:**

In diesem Buch gab es schon mehrere Beispiele für rechtliche Auswirkungen des Spiels mit dem Feuer. Kinder bis zehn Jahren sollten nie mit offenem Feuer alleine gelassen werden, auch wenn es nur eine einzige Kerzenflamme ist. Um ihrer Freude am Kokeln Rechnung zu tragen, kann man sich mit ihnen hinsetzen und die Kinder über einem großen, unbrennbaren Porzellanteller kleine Späne, Tannennadeln oder ein langes Haar abbrennen lassen. Die meisten erschrecken, in welcher Windeseile das zu einem stinkenden Hornklümpchen zusammenschmort, und nehmen sich künftig in Acht. Älteren Kindern, die man nicht ständig beaufsichtigen kann und soll, muss man die Sicherheitsregeln im Umgang mit dem Feuer immer wieder einschärfen. Die möglichen Folgekosten klarmachen. Aber ihnen auch zeigen, wie ein ordentliches Lager- oder Osterfeuer fachgerecht aufbaut, gesichert und notfalls schnell mit Sand, Steinen und Wasser wieder gelöscht wird. Wer sich trotzdem weiter grob fahrlässig verhält, dem hilft vielleicht ein Besuch bei der Feuerwehr. Da lernt man unter anderem, brennendes Öl in der Pfanne nie mit Wasser zu löschen.

§ 242 StGB Diebstahl

(1) Wer eine fremde bewegliche Sache einem anderen in der Absicht wegnimmt, die Sache sich oder einem Dritten rechtswidrig zuzueignen, wird mit Freiheitsstrafe bis zu fünf Jahren oder mit Geldstrafe bestraft.

(2) Der Versuch ist strafbar.

- **Kindgerechte Anwendung:**

Ungefähr ab drei Jahren können Kinder zwischen „Dein" und „Mein" unterscheiden. Es fällt kleinen Kindern aber noch sehr schwer, einen spontan auftretenden Wunsch nach dem süüüüßen Pferdefigürchen der Freundin oder einer echten Süßigkeit zu beherrschen oder aufzuschieben. In den Schulpausen verschwinden leider manchmal auch leckere Brote und zweckgebundenes Geld für Klassenfahrten oder Flötenunterricht aus fremden Taschen. Der gefürchtete „Kaufhausdiebstahl" kommt am wahrscheinlichsten bei Kindern zwischen 11 und 15 Jahren vor: Entweder wird die bewusste Grenzüberschreitung als nervenkitzelnde Mutprobe inszeniert oder der Jugendliche versucht so sein Taschengeld zu sparen, oft um mit den finanziell Bessergestellten in seiner Schule mithalten zu können.

■ **Das Urteil:**

Eltern sollten „Klauen“ weder überdramatisieren noch bagatellisieren. „Schwerer Diebstahl“, wozu man erst Sicherungen oder Schlösser knacken muss, um an die Beute zu gelangen, kommt bei Kindern fast nie vor, meistens handelt es sich um Kleinigkeiten, die „mitgenommen“ werden. Dem Kind sollte man aber ganz deutlich sagen, dass es sich widerrechtlich verhalten hat und – wenn es der Freundin etwas gestohlen hat – auch Vertrauen enttäuscht wurde. Das Pferdefigürchen muss mit einer Entschuldigung schnellstens persönlich zurückgegeben werden, die geklauten und wahrscheinlich schon vertilgten Süßigkeiten ersetzt. Meistens reicht dem Kind diese deutliche moralische Einordnung als Wegweiser in eine diebstahlsichere Zukunft. Falls nicht, sieht die Sachlage ab dem 14. Lebensjahr anders aus: Nun wird ein Diebstahl auch gerichtlich verfolgt. Die meisten Jugendlichen werden erst bei wiederholter Tat bestraft, dann müssen sie oft eine „gemeinnützige“ Arbeit verrichten. Falls ein Kind oder Jugendlicher immer wieder stiehlt, sollten sich die Eltern an eine Erziehungsberatung oder einen Psychologen wenden.

§ 253 StGB Erpressung

(1) Wer einen Menschen rechtswidrig mit Gewalt oder durch Drohung mit einem empfindlichen Übel zu einer Handlung, Duldung oder Unterlassung nötigt und dadurch dem Vermögen des Genötigten oder eines anderen Nachteil zufügt, um sich oder einen Dritten zu Unrecht zu bereichern, wird mit Freiheitsstrafe bis zu fünf Jahren oder mit Geldstrafe bestraft.

(2) Rechtswidrig ist die Tat, wenn die Anwendung der Gewalt oder die Androhung des Übels zu dem angestrebten Zweck als verwerflich anzusehen ist.

(3) Der Versuch ist strafbar.

(4) In besonders schweren Fällen ist die Strafe Freiheitsstrafe nicht unter einem Jahr. Ein besonders schwerer Fall liegt in der Regel vor, wenn der Täter gewerbsmäßig oder als Mitglied einer Bande handelt, die sich zur fortgesetzten Begehung einer Erpressung verbunden hat.

▪ **Kindgerechte Anwendung:**
Kinder sind leider die geborenen Erpresser. Als Gruppe („Bande“) sind sie noch bedrohlicher. Ihr häufigster Tatort ist der Supermarkt: Lautstarkes Gebrüll, weil der Kauf quietsch-

bunter Süßigkeiten verweigert wird, begleitet von bösen bis mitleidigen Blicken und Kommentaren der Mitmenschen, können ganz sicher als „empfindliches Übel“ gelten. „Ich bin erst wieder lieb, wenn du mir das kaufst!“ Ohnmächtige Aggression bemächtigt sich des Erziehungsberechtigten, der wider besseres Wissen dem kleinen Mafioso „um des lieben Friedens willen“ nachgegeben hat – ein klarer Nachteil. Denken Sie an Kriminalfilme! Wer einmal einer Erpressung nachgibt, der zahlt immer wieder: „Und Sie versprechen, mir auch sämtliche Negative zu geben und mich und meine Familie danach für immer in Ruhe zu lassen?“ „Na klar doch, versprochen, höhö!“ Im Kinderprogramm hört sich das so an: „Aber wirklich nur noch dieses eine Mal, dieses eine Eis ...“ „Wirklich, versprochen, Mama!“

Eine Erpressung unterscheidet sich von der hier immer wieder angeratenen Verhandlung durch die Unmäßigkeit der Forderung sowie einem starren Festhalten daran. „Ich deck nur den Tisch, wenn du mich dafür die ganze Woche lang morgens zur Schule fährst!“ Aber auch Eltern können sich beim schmutzigen Erziehungsgeschäft schnell der emotionalen Erpressung schuldig machen: „Mami ist ganz traurig/hat dich gar nicht mehr lieb, wenn du nicht ...“ Die Variante unter Kindern davon lautet: „Wenn du nicht dies oder das tust, bist du nicht mehr meine Freundin!“

Halblegal ist die Forderung einer Belohnung für kooperatives Verhalten bei einem unangenehmen, aber nötigen Termin: „Wenn ich beim Impfen/Zahnarzt/bei Omas sturzlangweiligem 90. Geburtstag ganz lieb bin, kriege ich dann eine Belohnung?“

- **Das Urteil:**

Ja, eine kleine oder größere Belohnung für das Erdulden kleiner oder größerer Schmerzen ist verhandelbar. Ansonsten: Geben Sie NIE nach, es sein denn, Sie wollen die Situation immer und immer wieder erleiden! Schon der Versuch der Erpressung ist strafbar (siehe oben). Denken Sie, sagen Sie einfach das Wort NEIN als Schutz-Mantra. Erklären Sie Ihr Nein höchstens beim ersten Mal: „Das besteht nur aus Zucker und allergieauslösenden Farbstoffen. Total ungesund.“ Um nicht ungerecht zu werden, vergewissern Sie sich vor dem Einkaufen, dass Ihr Kind weder hungrig noch durstig ist. Lassen Sie das Kind dann in Ruhe brüllen und toben, die Leute reden. Sie sind im Recht. Nehmen Sie das Kind an die Hand und verlassen aufrecht den Laden. Erfahrungsgemäß wird das erfolglose Kind diese Szene nicht mehr als dreimal aufführen. Falls doch – erklären Sie ihm, dass Sie nach diesem Theater leider zu erschöpft sind, um heute die übliche Stunde vorzulesen. Und tun Sie es auch nicht.

Emotionale Erpressung bestraft sich übrigens selber. Wer glaubt, es sei legitim, sein

Kind derart zu manipulieren, dem wird es das lernfähige Kind bald mit gleichen Waffen heimzahlen.

§ 315c StGB Gefährdung des Straßenverkehrs

(1) Wer im Straßenverkehr

1. ein Fahrzeug führt, obwohl er
   a) infolge des Genusses alkoholischer Getränke oder anderer berauschender Mittel oder
   b) infolge geistiger oder körperlicher Mängel nicht in der Lage ist, das Fahrzeug sicher zu führen, oder

2. grob verkehrswidrig und rücksichtslos
   a) die Vorfahrt nicht beachtet,
   b) falsch überholt oder sonst bei Überholvorgängen falsch fährt,
   c) an Fußgängerüberwegen falsch fährt,
   d) an unübersichtlichen Stellen, an Straßenkreuzungen, Straßeneinmündungen oder Bahnübergängen zu schnell fährt,
   e) an unübersichtlichen Stellen nicht die rechte Seite der Fahrbahn einhält,
   f) auf Autobahnen oder Kraftfahrstraßen wendet, rückwärts oder entgegen der Fahrtrichtung fährt oder dies versucht oder
   g) haltende oder liegen gebliebene Fahrzeuge nicht auf ausreichende Entfernung kenntlich macht, obwohl das zur Sicherung des Verkehrs erforderlich ist,

und dadurch Leib oder Leben eines anderen Menschen oder fremde Sachen von bedeu-

tendem Wert gefährdet, wird mit Freiheitsstrafe bis zu fünf Jahren oder mit Geldstrafe bestraft.

■ **Kindgerechte Anwendung:**
Kinder scheinen heute kaum noch zu laufen. Sobald sie es gelernt haben, wollen sie viel lieber fahren. Erst auf dem Kiddyboard (faul, aber ungefährlich, da am von Mutter gelenkten Kinderwagen eingeklinkt), als Kamikaze-Kleinkind dann auf dem Laufrad (deutlich schneller, als Kinder in diesem Alter im Kopf sind, gerne die Schienbeine von Passanten als Prellbock nutzend – lahme Dreiräder gibt's nicht mehr), ab fünf Jahren dann auf dem Fahrrad (hin und her schwankend, sich beim Fahren umschauend, den Lenker verreißend, mit der Pedale an geparkten Autos entlangschrammend, sämtliche andere Verkehrsteilnehmer völlig missachtend, während die Mutter hinterherrennt und schweißnass „Haaalt! Vor der Kreuzung AAANHAAALTEN!" brüllt), ab sieben Jahren sich selbst überschätzend auf viel zu großen und schweren Fahrrädern „zum Reinwachsen" unterwegs, später auf klappbaren Alu-Rollern, deren zu kleine Vorderräder schnell blockieren (echte Kinderroller gibt's nur noch in der Provinz). Große Schulkinder und Jugendliche surfen auf Skateboards ohne Lenker und Bremse vorbei, aber mit Musik im Ohr. Und all diese Kinder begehen auf all diesen Fahrzeugen eine fortgesetzte Gefährdung des Straßenverkehrs:

Sie sind infolge geistiger oder körperlicher Mängel selten in der Lage, das Fahrzeug sicher zu führen und dabei auch noch auf andere Verkehrsteilnehmer zu achten, sie benehmen sich grob verkehrswidrig und rücksichtslos, fahren an unübersichtlichen Stellen und Kreuzungen viel zu schnell und halten selten die rechte Seite der Fahrbahn ein.

■ **Das Urteil:**
Schuldig sind daran in erheblichem Maße die Eltern. Mit dem Kleinkind zu Fuß zu gehen, die seinen körperlichen und geistigen Fähigkeiten angemessenste Fortbewegung, ist ihnen selber zu lahm und zu langweilig. So ein Laufrad geht dagegen schnell und sieht auch noch schick aus. Sicherheitshalber gehen Mütter davon aus, dass jeder

a) ihr Kind supersüß findet, selbst wenn es einem vors Schienbein knallt, und
b) dem Kind absolute Rücksicht schuldet, selbst wenn es einen beim Betreten des Bürgersteigs auf seinem coolen Monsterbike mit Karacho beinahe umgefahren hätte.

„Das sind halt KINDER! Sie waren wohl nie jung?“, schreien Mütter menschlichen Verkehrshindernissen böse hinterher, die altersstarr auf ihrem Recht auf körperliche Unversehrtheit beharren. Das Kind wird dagegen selten altersgerecht zu Aufmerksamkeit und Rücksichtnahme angehalten. „Da kann man doch wohl aufpassen" gilt immer nur für die anderen. Ja, natürlich haben Kinder Vorfahrt und alle Erwachsenen müssen im Verkehr mit ihnen stets auf jeden unlogischen Blödsinn gefasst sein. Aber Eltern sollten sich auch wieder mehr als Verkehrserzieher betätigen, gerade in der Stadt. Es reicht nicht, wenn das Kind sich auf dem Prestige-Fahrzeug halten und fortbewegen kann. Man muss ihm altersgerecht klarmachen, dass Fahrzeuge auch potenziell tödliche Waffen sind, die andere genauso schwer verletzen können wie das Kind selber. Die Schnelligkeit des Untersatzes sollte immer der persönlichen Reife des Kindes angepasst werden, auch „wenn alle anderen schon ...". Erst soll der Verkehrskasper mal den „7. Sinn" entwickeln. Wenn ein Kind sich wiederholt im Verkehr grob fahrlässig und rücksichtslos verhält, darf man es ruhig für eine Weile wieder zum Fußgänger degradieren. Das nach fünf Minuten garantiert einsetzende „Ich kaaannn echt nicht mehr laaaauuufen!"-Gejammer kann bei einem gesunden Kind fröhlich ignoriert werden: „Aber problemlos zwei Stunden beim Fußballspielen herumrennen, was?"

§ 323b StGB Gefährdung einer Entziehungskur

Wer wissentlich einem anderen, der aufgrund behördlicher Anordnung oder ohne seine Einwilligung zu einer Entziehungskur in einer Anstalt untergebracht ist, ohne Erlaubnis des Anstaltsleiters oder seines Beauftragten alkoholische Getränke oder andere berauschende Mittel verschafft oder überlässt oder ihn zum Genuss solcher Mittel verleitet, wird mit Freiheitsstrafe bis zu einem Jahr oder mit Geldstrafe bestraft.

- **Kindgerechte Anwendung:**

Das Kind oder die Kinder sind nun also auf Entzug ihres Suchtmittels – wahlweise Süßes, Fettes, Computer, TV (siehe: Vollrausch). Alle sind über das Embargo informiert, das ganze Elternhaus ist clean. Da eine Verbindung zwischen dem Besuch der liebeshungrigen Oma am Nachmittag (Dealer) und der halb leeren Tüte Schokoriegel unter dem Bett des Kindes am Abend herzustellen, ist legitim. Auch wenn das fernsehsüchtige Kind auffällig oft zum „Spielen" zu einem Freund geht und heimgekehrt die gleichen Anzeichen zeigt wie nach übermäßigem TV-Konsum zu Hause, sollte man ruhig die Mutter des Freundes verdächtigen und freundlich das Programm des „Spielnachmittags" hinterfragen.

■ **Das Urteil:**

Tja, jeder Versuch von mitleidigen Verwandten oder Freunden, gegen das Verbot der vorher festgelegten Rauschmittel zu verstoßen, hat Konsequenzen. Für das Kind, dessen unfreiwillige Enthaltsamkeit sich dadurch um eine Woche verlängert. Für die Oma, die sich bei Besuchen künftig an der Tür filzen lassen muss. Für die Mutter des Freundes, die sich nach wiederholtem Verstoß trotz freundlicher Aufklärung nun nach einem anderen Zeitvertreiber für ihr Kind umsehen muss und deren „Spielnachmittage" in Zukunft bei anderen pädagogisch ambitionierten Müttern verrufen sind.

Sollte es sich bei dem Kind oder Jugendlichen tatsächlich um einen ernsthaften Fall von Alkoholmissbrauch handeln (siehe Vollrausch), muss man dessen Kontakt zu „guten Kumpels", die ihn heimlich mit Alkohol versorgen, verbieten und so gut wie möglich unterbinden.

§ 313 StGB Herbeiführen einer Überschwemmung

(1) Wer eine Überschwemmung herbeiführt und dadurch Leib oder Leben eines anderen Menschen oder fremde Sachen von bedeutendem Wert gefährdet, wird mit Freiheitsstrafe von einem Jahr bis zu zehn Jahren bestraft.

- **Kindgerechte Anwendung:**

Kein Badetag ohne akute Überschwemmungsgefahr. Faustregel: Je mehr Kinder in der Wanne sitzen, desto mehr Wasser landet auf dem Boden. Auf nassen Fliesen kann man übel ausrutschen. Puppen und Kuscheltiere werden gerne im Waschbecken gebadet und manchmal wird auch der überlaufende Wasserhahn vergessen, weil gerade jemand ruft oder eine Freundin klingelt. Die schlimmste Überschwemmungsgefahr: das Verstopfen der Toilette mit Bündeln von Klopapier, Müll oder verstorbenen Kleintieren. Der panische Versuch, die Verstopfung durch mehrmaliges Spülen zu beseitigen, bewirkt meistens das Gegenteil.

- **Das Urteil:**

Wenn die Wanne regelmäßig zu klein für Wasser und Kind wird, kann das Kind hinterher helfen, den Boden aufzuwischen und die durchnässten Sachen aufzuhängen. Das Gleiche gilt für vergessliche Puppenmütter. Die Funktionsweise und der begrenzte Einsatz einer Toilette zum Vernichten von Beweismitteln sollten präventiv mit den Kindern besprochen werden. Ansonsten sollten sie wenigstens mit Lappen und Eimer bewaffnet zuschauen, wenn bleiche Mütter oder Väter die Gummihandschuhe überstreifen und sich auf der Suche nach dem Störfaktor vorantasten.

§ 223 § 224 StGB Einfache Körperverletzung/ Gefährliche Körperverletzung

§223 StGB Einfache Körperverletzung
(1) Wer eine andere Person körperlich misshandelt oder an der Gesundheit schädigt, wird mit Freiheitsstrafe bis zu fünf Jahren oder mit Geldstrafe bestraft.

(2) Der Versuch ist strafbar.

§224 StGB Gefährliche Körperverletzung
(1) Wer die Körperverletzung
1. *durch Beibringung von Gift oder anderen gesundheitsschädlichen Stoffen,*
2. *mittels einer Waffe oder eines anderen gefährlichen Werkzeugs,*
3. *mittels eines hinterlistigen Überfalls,*
4. *mit einem anderen Beteiligten gemeinschaftlich oder*
5. *mittels einer das Leben gefährdenden Behandlung*

begeht, wird mit Freiheitsstrafe von sechs Monaten bis zu zehn Jahren, in minder schweren Fällen mit Freiheitsstrafe von drei Monaten bis zu fünf Jahren bestraft.

(2) Der Versuch ist strafbar.

■ Kindgerechte Anwendung:

Wenn Kinder wütend sind, konkurrieren oder sich vor anderen beweisen wollen, können sie reichlich rabiat werden. Häufig vorkommende Attacken mit und ohne Vorsatz sind dann: kneifen, an den Haaren reißen, kratzen, boxen, beißen, treten, würgen (Schwitzkasten), andere gegen die Wand oder vom Klettergerüst schubsen, Holzschwert oder das Schulbuch auf den Kopf hauen, dem Gegner distanzlos ins Ohr brüllen ...

Wir wollen in diesem Buch optimistischerweise „nur“ von einfacher Körperverletzung ausgehen, trotzdem sollten Sie notfalls zuerst in den Gelben Seiten einen Arzt nachschlagen, ehe Sie hier die angemessenen Reaktionen auf den Verursacher suchen.

Körperverletzung ist jede Behandlung, die das körperliche Wohlbefinden oder die körperliche Unversehrtheit erheblich beeinträchtigt. Als Gesundheitsschädigung gilt das Hervorrufen oder Steigern eines pathologischen, also vom normalen Funktionieren des Körpers abweichenden Zustands, auch wenn er nur vorübergehend ist. Dass das Opfer Schmerzen erleidet, ist dabei nicht nötig. Auch das Abschneiden der Haare erfüllt somit den Tatbestand der Körperverletzung!

■ Das Urteil:

„Er hat mich provoziert!“ ist der Klassiker unter den Rechtfertigungen für Körperverletzung. Das haben auch die beiden Schläger vor Gericht gesagt, die in München einen Rentner fast totgeprügelt haben, weil der sie darauf hinwies, Rauchen sei in der U-Bahn verboten. Bei Kindern ist das noch glaubhaft, sie fühlen sich in ihrem altersbedingten Egoismus schnell angegriffen, ihre Frustrationstoleranz ist noch gering. Sich „zivilisiert" zu benehmen ist keine Selbstverständlichkeit, sondern eine Kulturleistung. Eltern müssen kleinen „Wüterichen" helfen, über ihre akuten Gefühle hinauszuwachsen, mit ihrem potenziellen Opfer Mitgefühl zu empfinden. So wird die Hemmschwelle, handgreiflich zu werden, immer weiter angehoben („Notwehr" ist dabei ein Sonderfall). „Fragen Sie das Kind, wie der andere sich wohl fühlen mag, sensibilisieren Sie es für dessen Tränen und Schmerz", rät auch Thomas Grüner, Leiter des Instituts für Konflikt-Kultur in Freiburg.

Der schlimmste Kummer für Eltern ist, wenn eins ihrer Kinder eines seiner Geschwister verletzt, eventuell auch noch ein kleineres. Hier sollten sie den „Aggressor" schnell mit den Folgen seiner Tat konfrontieren: „Hier, schau mal hin, diese Striemen, das warst du!" Dann soll er erst mal helfen, „Erste Hilfe" zu leisten (kühlen, Desinfektionsspray aus dem Bad holen, Pflaster), und sich dann ernsthaft entschuldigen. In schwereren Fällen (Attacken gegen Kopf und Hals sind besonders verboten) darf sich das geschädigte Kind ein Spielzeug des Täters nehmen oder hat ihm gegenüber einen Wunsch frei – etwa dass dieser das Zimmer seines Opfers aufräumt, ihm ein Buch vorliest oder ein Bild malt. Man sollte natürlich in der Verhandlung auch die Verteidigung des Täters anhören (meistens läuft das auf „Er hat mich aber so wütend gemacht“ oder „Sie hat aber angefangen“ hinaus). Wurde die Attacke ausgelöst, weil einer vielleicht mutwillig den Legoturm des anderen zerstört oder ihn fortgesetzt geärgert hat, obwohl der mehrmals gebeten hatte, in Ruhe gelassen zu werden, muss dem nicht ganz unschuldigen „Opfer“ erklärt werden, warum der andere so sauer geworden ist und was die eigene Mitverantwortung an der Situation betrifft. Die Kinder sollen so lernen, das Selbstbestimmungsrecht des anderen zu respektieren und Kompromisse auszuhandeln. Und lieber von alleine eine Weile auf Abstand zu gehen, falls eine Lösung momentan wirklich nicht möglich ist.

Eltern sollten zudem immer den Nutzen von friedlichem Verhalten hervorheben: dass jeder lieber mit Kindern spielt, vor denen man keine Angst haben muss. Als „Schläger“ verschriene Kinder haben wenig Freunde und so entgeht ihnen eine Menge Spaß.

§ 229 StGB Fahrlässige Körperverletzung

Wer durch Fahrlässigkeit die Körperverletzung einer anderen Person verursacht, wird mit Freiheitsstrafe bis zu drei Jahren oder mit Geldstrafe bestraft.

■ **Kindgerechte Anwendung:**
Vom Typ „das hab ich nicht gewollt" gibt es viele Beispiele: Ein Kind verstreut Murmeln über den Flur; sein Bruder kommt aus dem Bad gelaufen, rutscht darauf aus und knallt auf den Fußboden. Kinder rangeln als spielerisches Kräftemessen miteinander und einer überschreitet dabei, ohne es zu merken, die Grenzen des anderen, aus spielerischer Gewalt wird zerstörerische. Eltern treten sich barfuß im Dunkeln so kleinteilige wie scharfkantige Spielzeugteile ein. Zwei Freunde kämpfen spielerisch miteinander. Im Eifer des Gefechts pikst einer dem anderen versehentlich das Holzschwert ins Auge. Er handelt ohne Vorsatz, denn beide haben lediglich gespielt.

Aber auch fahrlässige Körperverletzung ist strafbar. Fahrlässig handelt, wer die erforderliche Sorgfalt außer Acht lässt, zu der er nach den Umständen und seinen persönlichen Verhältnissen verpflichtet wäre.

Die Kinder sollten erkennen, dass der Umgang mit manchen Dingen für sie selbst wie auch für andere gefährlich werden kann („Beim Tragen von Messer/Schere die Spitze immer nach unten", „beim Rangeln keine Stöcke oder scharfe Gegenstände in der Hand halten", „Fußbälle nicht aus kurzer Entfernung bewusst auf den Torwart knallen"...). Wichtigste Regel: Wenn ein Kind in der Badewanne sitzt, darf kein Föhn oder Rasierapparat aus der Steckdose baumeln und Geschwister in einem unbewachten Moment zu lebensgefährlichen Star-Wars-Szenen animieren.

■ **Das Urteil:**

Als entsprechende Sanktion sollte man in solchen Situationen immer den Täter dabei einbeziehen, dem Opfer bei der Überwindung seiner Schmerzen zu helfen („Entschuldigung, das habe ich echt nicht gewollt") – es trösten, ihm die Hand halten, einen kühlenden Waschlappen holen, ein Pflaster aufkleben etc.

Außerdem müssen familiäre Hauptverkehrswege von unfallträchtigem Spielzeug freigehalten werden. Spätestens wenn es dunkel wird, sollte außerhalb der Kinderzimmer der Boden geräumt sein. Falls ein älteres Kind zudem grob fahrlässig oder rücksichtslos gehandelt hat, muss es dem Geschädigten Taschengeld bezahlen oder ein Spielzeug abgeben. Etwa die Murmeln, auf denen der Bruder verunfallt ist.

§ 325 StGB Luftverunreinigung

(1) Wer beim Betrieb einer Anlage, insbesondere einer Betriebsstätte oder Maschine, unter Verletzung verwaltungsrechtlicher Pflichten Veränderungen der Luft verursacht, die geeignet sind, außerhalb des zur Anlage gehörenden Bereichs die Gesundheit eines anderen, Tiere, Pflanzen oder andere Sachen von bedeutendem Wert zu schädigen, wird mit Freiheitsstrafe bis zu fünf Jahren oder mit Geldstrafe bestraft. Der Versuch ist strafbar.

▪ **Kindgerechte Anwendung:**
„Puuuh, der Gerrit pupst einen schon wieder voll!"

„Iiihh, Gerrit, geh aufs Klo!"

„Hihi, was kann ich denn dafür? Was raus muss, muss raus, sagt Oma immer!"

„Aber nicht hier! Und außerdem bist du selber schuld – wer hat denn die ganze Rolle Pfefferminz ‚ohne Zucker' alleine aufgefressen?"

„IIIIHHHH!"

„Hihihihi!"

Neben Pupsen haben Kinder große Freude am lauten Rülpsen und dem „Geruch nach Meer", der ihrer heimlich aus dem Urlaub heimgeschmuggelten Sammlung toter Krebse und Seesterne entsteigt, die sie unter ihrem Bett versteckt haben.

- **Das Urteil:**

Nur Süßigkeiten mit echtem Zucker kaufen, dann können sich die Kinder wenigstens nicht mehr darauf hinausreden, nach Süßigkeiten „ohne Zucker“ müsse man schließlich keine Zähne putzen – auch Atemgeruch darf als Luftverunreinigung gelten. Eltern haben sowohl das Recht als auch die Pflicht, einen sanften Waschzwang auszuüben. Sammlungen von verwesenden Dingen bekommen ein ordentliches Begräbnis im Garten oder nächsten Park.

§ 154 StGB Meineid

(1) Wer vor Gericht oder vor einer anderen zur Abnahme von Eiden zuständigen Stelle falsch schwört, wird mit Freiheitsstrafe nicht unter einem Jahr bestraft.

(2) In minder schweren Fällen ist die Strafe Freiheitsstrafe von sechs Monaten bis zu fünf Jahren.

■ **Kindgerechte Anwendung:**
„Schwörst du mir, dass du mein Kleid nicht zerschnitten hast?!"

„Ich war's nicht!"

„Hmm."

„Ich war's nicht, ich schwöre!"

■ **Das Urteil:**
Eine Sache macht Eltern wirklich wild: Wenn sie ihr Kind ultimativ auffordern, jetzt aber wirklich, beim Leben ihres Meerschweinchens, die Wahrheit und nichts als die Wahrheit zu sagen, aber bei jeder neuen Beteuerung das starke Gefühl haben, sie würden angelogen. Da nutzt es auch nichts, den kleinen Verdächtigen damit einzuschüchtern, dass im Mittelalter Typen, die vor Gericht einen Meineid schworen (meyn bedeutet dabei auf Althochdeutsch „falsch", entsprechend dem englischen Wort „mean"), ihre Schwurhand abgehackt oder die (falsche) Zunge herausgeschnitten wurde.

Je mehr Angst das Kind hat, desto verbissener wird es auf seine Variante der Wahrheit alle Eide schwören, egal wie lächerlich das klingt. Wenn von der Aussage kein akuter Handlungsbedarf abhängt, lassen Sie das Kind eine Weile alleine in seinem Zimmer nachdenken. Dann geht der weniger Furchteinflößende der Eltern alleine hinein, nimmt das Kind auf den Schoß und fragt es noch mal in aller Ruhe nach dem Geschehen. Erklären Sie ihm, dass es keine Angst haben muss (und halten Sie dieses Versprechen!). In 90 Prozent aller Fälle wird das Kind die Wahrheit sagen, vor allem wenn bald Schlafenszeit ist: Ein gutes Gewissen ist in jedem Alter ein sanftes Ruhekissen.

§ 145 StGB Missbrauch von Notrufen und Beeinträchtigung von Unfallverhütungs- und Nothilfemitteln

(1) Wer absichtlich oder wissentlich
1. Notrufe oder Notzeichen missbraucht oder
2. vortäuscht, dass wegen eines Unglücksfalles oder wegen gemeiner Gefahr oder Not die Hilfe anderer erforderlich sei,
wird mit Freiheitsstrafe bis zu einem Jahr oder mit Geldstrafe bestraft.

(2) Wer absichtlich oder wissentlich
1. die zur Verhütung von Unglücksfällen oder gemeiner Gefahr dienenden Warn- oder Verbotszeichen beseitigt, unkenntlich macht oder in ihrem Sinn entstellt oder
2. die zur Verhütung von Unglücksfällen oder gemeiner Gefahr dienenden Schutzvorrichtungen oder die zur Hilfeleistung bei Unglücksfällen oder gemeiner Gefahr bestimmten Rettungsgeräte oder anderen Sachen beseitigt, verändert oder unbrauchbar macht,
wird mit Freiheitsstrafe bis zu zwei Jahren oder mit Geldstrafe bestraft, wenn die Tat nicht in § 303 oder § 304 mit Strafe bedroht ist.

■ **Kindgerechte Anwendung:**

Ja, damit schrecken einen die kleinen Racker immer wieder gerne: sich beim Spielen plötzlich an den Hals greifen, zusammenbrechen und leblos mit verdrehten Augen daliegen, bis die hysterisch ihren Namen schreiende Mutter angerannt kommt. Dann federn sie hoch und lachen ihr ins panische Gesicht, begeistert von diesem ultimativen Liebesbeweis. Oder ein paar Kinder gehen zusammen von der Schule nach Hause und kabbeln sich fröhlich. Der eine wird dabei leicht auf den Arm gehauen und brüllt auf einmal lautstark los. „HIIIILFE! HILFE! AAARRGHHHH! ER HAT MICH GESCHLAAAA-GEN!“ Omas kommen mit gezücktem Schirm angelaufen, um den armen Knaben zu retten, während dieser lachend mit seinen Freunden das Weite sucht. Auch Polizei und Feuerwehr haben von dieser Art Streichen schon lange genug: Putzmuntere Kinder, die als Mutprobe 110 oder 112 wählen und „Helfen Sie mir“ in den Hörer röcheln, während ihre Freunde im Hintergrund wiehern und giggeln.

■ **Das Urteil:**

Leider vergessen die meisten Kinder, dass heutzutage durch die Rufnummer-Erkennung jedes Festnetzgespräch von der Polizei sofort nachvollzogen werden kann. Das trübt die Freude gehörig, denn die Ordnungshüter verstehen da keinen Spaß. Die rufen glatt eben mal zurück und führen ein normverdeutlichendes Gespräch mit den Eltern des Witzboldes. Einem eher kleineren Kind, das sich wegen der heftigen Reaktionen mit Begeisterung „totstellt“, muss man klarmachen, dass seine Glaubwürdigkeit immer geringer wird und ihm deshalb in einem echten Notfall vielleicht keiner mehr zu Hilfe kommen würde. Außerdem machen Mamas Nerven nur eine begrenzte Anzahl von Angstattacken mit – der nächste falsche Alarm kostet ein erhebliches Schmerzensgeld.

Raub

§ 249 StGB

(1) Wer mit Gewalt gegen eine Person oder unter Anwendung von Drohungen mit gegenwärtiger Gefahr für Leib oder Leben eine fremde bewegliche Sache einem anderen in der Absicht wegnimmt, die Sache sich oder einem Dritten rechtswidrig zuzueignen, wird mit Freiheitsstrafe nicht unter einem Jahr bestraft.

(2) In minder schweren Fällen ist die Strafe Freiheitsstrafe von sechs Monaten bis zu fünf Jahren.

- **Kindgerechte Anwendung:**

Das Problem: Räuber, ob nun der Hotzenplotz, die drei von Tomi Ungerer, die Sozialarbeiter um Robin Hood oder die nette Sippe von Ronja Räubertochter, gehören zu den großen Kinderhelden. Solch fröhliche Gesetzesbrecher in coolen Kutten, die sich zudem nie baden oder Haare waschen müssen, scheinen vielen Jungen und Mädchen ein legitimes Vorbild, um in den Besitz fremden Eigentums zu gelangen, das eh immer den Falschen gehört, siehe Sheriff von Nottingham oder Bill Gates. Bei kleinen Wilden lassen sich schwere Raubfälle in ihrem natürlichen Biotop, dem Sandkasten, gut beobachten: Der Stärkere reißt brutal Förmchen und Bagger an sich, ungeachtet der Eigentumsverhältnisse und des wütenden Protestgeheuls. Später, im Grundschulalter, gibt es spontane Raubüberfälle, etwa beim Abendessen der Schwester die letzte Frikadelle aus der Hand reißen oder eine erzwungene „Schenkung“ von Wrestling Chips oder Silberstickern: „Wenn du nicht freiwillig ... dann ...“ In den Pausen wechseln auch gerne mal Brote und zweckgebundenes Geld den Besitzer. Schon recht große Jungen haben es eher auf Markenturnschuhe, iPods, Handys, Nintendo-Konsolen oder andere Statussymbole abgesehen. Bevorzugte Jagdgründe für das verharmlosende „Abziehen“ sind Schulen und die unsicheren Wege dahin.

▪ **Das Urteil:**
Natürlich muss jeder Fall sofort Eltern, Lehrern und notfalls auch bei der Polizei angezeigt und die Beute ihrem rechtmäßigen Eigentümer zack, zack zurückgegeben werden. Plus einer Entschuldigung, die mindestens drei Sätze umfasst und das ernst zu nehmende Versprechen, dass so was nie wieder vorkommen wird. Nebenbei sollte man die Hintergründe für den Raub erforschen. Offensichtliche seelische Notlagen wie „Schrei nach Aufmerksamkeit der Eltern“ oder „Räuber wird selber gemobbt und gezwungen, seine Beute abzugeben“ sind am Ursprung zu bekämpfen und das hoffentlich vorhandene Schuldbewusstsein auf mehrere Schultern zu verteilen – ohne den Täter deshalb aus der Verantwortung zu entlassen!

Waren kleinere Kinder bisher befreundet und nun hat einer erstmals dem anderen gewaltsam etwas weggenommen („Das hat er mir geschenkt! Echt!“), sollte man zuerst die moralischen Daumenschrauben anziehen und dem delinquenten Kind klarmachen, was für ein gewaltiger Vertrauensverlust seine Untat bedeutet. Die mehrmals wiederholte Aufforderung, sich in die Situation des Opfers zu versetzen, hilft bei der wichtigen, verbrechensverhütenden Ausbildung von Mitgefühl.

§ 339 StGB

Rechtsbeugung

Ein Richter, ein anderer Amtsträger oder ein Schiedsrichter, welcher sich bei der Leitung oder Entscheidung einer Rechtssache zugunsten oder zum Nachteil einer Partei einer Beugung des Rechts schuldig macht, wird mit Freiheitsstrafe von einem Jahr bis zu fünf Jahren bestraft.

▪ **Kindgerechte Anwendung:**
Obacht, Eltern, das hier ist für euch: Sehen Sie tief in Ihre Seele, bevor Sie einem Ihrer Kinder grobes Unrecht antun. Nicht die Art unvermeidliches Unrecht, die trotz allem guten Willen immer mal vorkommt und bald darauf vergessen ist, weil die große Linie stimmt. Sondern die schreiend ungerechte, da parteiische Beurteilung eines Kindes, von der es zwanzig Jahre später noch seinem Analytiker erzählen wird. Wo Mutter oder Vater ein gemeines, viel zu strenges Fehlurteil gefällt haben, weil sie gerade so wütend waren und das Kind vielleicht in den letzten Tagen sowieso besonders genervt hat. Oder das liebevoll gekochte Essen mit einem „Schmeckt nicht" verschmäht hat. Oder weil Mutter als Frau und Vater als Mann ihr Mädchen/ihren Jungen einfach viel besser verstehen können und deshalb auch viel mehr verzeihen. Mit anderen Worten: DU BIST JUSTIZIA! Nutzen Sie Ihre Macht als Elternamtsträger nicht zur

(überwiegend unbewussten) Rache. Lassen Sie Jungs nicht prinzipiell mehr Küchendienst machen, „damit wenigstens ER es lernt“, nur weil der Ärger über die Untätigkeit des Vaters im Haushalt übergroß ist. Brummen Sie nicht immer nur den Mädchen Küchendienst auf, „weil sie das als Hausfrau und Mutter später sowieso alles machen muss“.

- **Das Urteil:**

Wer das Erziehungsrecht zu sehr beugt, kann Kinder brechen. Urteilen Sie nicht, solange Sie wütend sind. Hinterfragen Sie immer Ihre Motivation und versetzen Sie sich in die Lage des Kindes, bevor eine zu harte Strafe erwogen wird – und einem schlimmstenfalls die Aussicht auf Enkelkinder raubt: „Nach den Erfahrungen in meiner Kindheit mit meinen Eltern, den alten Rechtsbeugern, werd ich bestimmt keine eigenen Kinder in die Welt setzen!“ (Siehe: Grober Undank, § 530 BGB Widerruf der Schenkung.)

§ 303 StGB Sachbeschädigung

(1) Wer rechtswidrig eine fremde Sache beschädigt oder zerstört, wird mit Freiheitsstrafe bis zu zwei Jahren oder mit Geldstrafe bestraft.

(2) Ebenso wird bestraft, wer unbefugt das Erscheinungsbild einer fremden Sache nicht nur unerheblich und nicht nur vorübergehend verändert.

(3) Der Versuch ist strafbar.

■ **Kindgerechte Anwendung:**
Sachbeschädigung tritt im Kinderzimmer häufig auf. Je kleiner, affektiver und verbal ungeschulter die Kinder, desto öfter.

Zu (1): Beispiele: Dem anderen absichtlich ein Spielzeug oder einen Lego-/Playmobilaufbau kaputt machen. Vom Quartett oder Memoryspiel Karten verbummeln. Sticker auf fremde Betten oder Türen kleben, die nur schwer wieder zu entfernen sind. Wände bekritzeln. Kuscheltier/Puppe der Geschwister im Garten übernachten lassen.

Zu (2): Ein Bild eines anderen ungefragt „weitermalen“ oder übermalen. Kleidung „ausleihen“ und in defektem Zustand (Risse, Flecken) zurückgeben. Puppen oder Kuscheltieren die Haare schneiden.

Aber auch in der Schule geht es hoch her: Etwa lustige Streiche wie die Schuhe von Klassenkameraden in den Treppenhausschacht fallen oder ihre Arbeitsblätter aus dem Fenster flattern lassen.

- **Das Urteil:**

1. Sich entschuldigen und bei der Wiedergutmachung helfen: Das Kuscheltier waschen und föhnen, Flecken aus der Kleidung reiben, Wände mit Radiergummi säubern oder, für Ältere, überstreichen. Falls das nicht möglich ist,

2. Schadensersatz zahlen, entweder um ein neues Teil zu kaufen oder das Beschädigte reparieren zu lassen.

3. Bei Schaden an besonders geliebten Dingen (Puppe, der grausam die Haare skalpiert wurden, kahl rasiertes Kuscheltier) zudem Schmerzensgeld zahlen: Wenn der Täter kein Geld hat, kann sich der „Geschädigte" von diesem ein Spielzeug aussuchen. Bei Sachbeschädigung in der Schule sollte der Täter eine Chance haben, die Sachen mit einer Entschuldigung wieder herbeizuschaffen und zu säubern. Klappt das nicht, sollte man dessen Eltern informieren und bei größeren Sachschäden notfalls Ersatz verlangen.

§ 330b StGB Tätige Reue

(1) Das Gericht kann in den Fällen des § 325a Abs. 2, des § 326 Abs. 1 bis 3, des § 328 Abs. 1 bis 3 und des § 330a Abs. 1, 3 und 4 die Strafe nach seinem Ermessen mildern (§ 49 Abs. 2) oder von Strafe nach diesen Vorschriften absehen, wenn der Täter freiwillig die Gefahr abwendet oder den von ihm verursachten Zustand beseitigt, bevor ein erheblicher Schaden entsteht. Unter denselben Voraussetzungen wird der Täter nicht nach § 325a Abs. 3 Nr. 2, § 326 Abs. 5, § 328 Abs. 5 und § 330a Abs. 5 bestraft.

(2) Wird ohne Zutun des Täters die Gefahr abgewendet oder der rechtswidrig verursachte Zustand beseitigt, so genügt sein freiwilliges und ernsthaftes Bemühen, dieses Ziel zu erreichen.

■ **Kindgerechte Anwendung:**
Gelangweilte Kinder haben jede Menge „lustige" Einfälle, von denen etliche keine so gute Idee sind. Etwa Opas Gebiss im vollen Suppentopf versenken (Gemeinheit), die Katze mit Mamis Epiliergerät enthaaren (Tierquälerei), die neuen weißen Schuhe der Schwester mit Plakafarbe bemalen (siehe: Sachbeschädigung), Kastanien oder Schneebälle auf vorbeifahrende Autos donnern (siehe: Gefährdung des Straßenverkehrs). Der Aufschrei der Eltern

folgt auf dem Fuße: „Sag mal, wie kommst du nur auf so eine schwachsinnige Idee?!“

In 90 Prozent aller Fälle tut das Kind daraufhin so, als hätten während der Tat Außerirdische seine Steuerzentrale übernommen. Ratlos zuckt es gesenkten Kopfes die Schultern: „Weiß ich auch nicht.“ Ein Fünfjähriges, das die einzige Toilette der Wohnung mit fünf Rollen mittlerweile aufgequollenem Toilettenpapier völlig abgedichtet hatte, setzte etwas reflektierter hinzu: „Es schien mir irgendwie lustig. Aber das war es wohl nicht.“

■ **Das Urteil:**

Trösten Sie sich: Vielleicht gewinnt Ihr geborener kleiner Forscher für seine Versuchsreihe zum Thema „Quellfähigkeit von Klopapierrollen unter Berücksichtigung verschiedener Marken und Materialien“ einmal einen Preis bei „Jugend forscht“. Aus Schaden werden kluge Kinder klüger – aber manchmal sogar schon vorher! Reue ist gut, tätige Reue ist besser: Opas Gebiss schwebte schon über dem brodelnden Topf? Die Katze war bereits in der rosa Babypuppen-Sitzschale festgeschnallt? Der kleine Künstler hatte gerade einen knallroten Tupfer auf einen weißen Schuh gesetzt, hält jetzt aber inne, schaltet sein Gehirn ein, wischt die Farbe mit viel Wasser und Seife wieder weg und föhnt den Schuh? Der Schneekugelwerfer holt aus, lässt den Arm aber wieder sinken und das Auto ungefährdet passieren? Mit anderen Worten, das Kind bekam ein schlechtes Gewissen, was es an der Ausführung der Tat hinderte? Herzlichen Glückwunsch! Für tätige Reue kann man es gar nicht genug loben, statt zu strafen! Falls Eltern von dem fallen gelassenen, finsteren Vorhaben je etwas erfahren.

Üble Nachrede/ Verleumdung

§ 186
§ 187
StGB

§ 186 StGB Üble Nachrede
Wer in Beziehung auf einen anderen eine Tatsache behauptet oder verbreitet, welche denselben verächtlich zu machen oder in der öffentlichen Meinung herabzuwürdigen geeignet ist, wird, wenn nicht diese Tatsache erweislich wahr ist, mit Freiheitsstrafe bis zu einem Jahr oder mit Geldstrafe und, wenn die Tat öffentlich oder durch Verbreiten von Schriften (§ 11 Abs. 3) begangen ist, mit Freiheitsstrafe bis zu zwei Jahren oder mit Geldstrafe bestraft.

§ 187 StGB Verleumdung
Wer wider besseres Wissen in Beziehung auf einen anderen eine unwahre Tatsache behauptet oder verbreitet, welche denselben verächtlich zu machen oder in der öffentlichen Meinung herabzuwürdigen oder dessen Kredit zu gefährden geeignet ist, wird mit Freiheitsstrafe bis zu zwei Jahren oder mit Geldstrafe und, wenn die Tat öffentlich, in einer Versammlung oder durch Verbreiten von Schriften (§ 11 Abs. 3) begangen ist, mit Freiheitsstrafe bis zu fünf Jahren oder mit Geldstrafe bestraft.

- **Kindgerechte Anwendung:**

Viele Leute verbringen große Teile ihres überwiegend ereignislosen Lebens damit,

Gerüchte weiterzutragen und möglichst negative, brisante Geschichten über andere zu erzählen („Sag nicht, dass du es von mir hast, aber ...“). Diese Art „Herrschaftswissen“ erhöht ihren sozialen Status, was eines der erstrebenswertesten Dinge im Leben großer und kleiner Menschen ist. Die Macht zu entscheiden, welchen Erwählten man an seinem Wissen teilhaben lässt, erschafft eine informationselitäre Gemeinschaft. Solange man da „drin“ ist, bietet sie Schutz davor, selber zum vereinzelten, betratschten Opfer zu werden. Die Tratschgeschichten sind selten nachweisbar oder korrekt, aber immer spannend. Oder entspannend, wenn man im direkten Vergleich damit besser abschneidet: Was, Madonna lässt sich schon wieder scheiden? Na, die armen Kinder! Da ist man mit seinem Rainer doch wohl deutlich länger ehefähig. Geld ist eben nicht alles! Und übrigens – die Gaby lässt sich bestimmt botoxen! Na, die hat's nötig, im Gegensatz zu uns, was, Mädels?

Die wenigsten Erwachsenen allerdings wissen, dass zumindest die Gaby sie für solchen „harmlosen“ Tratsch verklagen könnte.

Kleine nehmen sich dann gerne ein schlechtes Beispiel an den Großen.

Wenn also ein Kind vor seinen Freunden flüsternd behauptet, der Peter hätte ihm in der Pause sein Schulbrot aus der Tasche geklaut, findet sich sicher bald der Nächste, der beobachtet haben will, wie der Peter dem Julius eine

Trinkmilch stahl. Fehlt beim Malunterricht am Vierertisch plötzlich der dunkelblaue Stift, ist der Schuldige schon vorab ausgemacht: „Das war doch bestimmt wieder der Peter!“ Findet ein Kind seine Hausschuhe nicht wieder, brüllt irgendwann die ganze Klasse: „Los, Peter, her mit den Hausschuhen!“ An dieser Stelle der Entwicklung wird Peter es sehr schwer haben, nicht allgemein als notorischer Dieb zu gelten, egal wie sehr er seine Unschuld beteuert. Er ist Opfer der üblen Nachrede.

Alina erzählt ihren Freundinnen, dass die Evelyn doof sei und sowieso immer alles bei ihr abgucken würde. Außerdem würde sie stinken. Nach kurzer Zeit beginnen Mädchen auffällig die Nasen zu rümpfen, zu schnüffeln und zu kichern, wenn Evelyn in ihre Nähe kommt. Falls die fragt „Was ist denn?“, wird einfach noch heftiger gekichert. Eine erzählt wichtig „im Geheimen“, sie wäre mal bei Evelyn zu Hause gewesen, da hätte es auch total nach irgendwas Vergammeltem gestunken, total ekelig. Kein Wunder, dass sie doof sei und immer abgucken würde. Wenn nun auch noch die Lehrerin den Gerüchten glaubt und Evelyn schlechter benotet, weil sie die Arbeit doch wohl „nicht alleine so gut hingekriegt“ hätte, ist der traurige Tatbestand der Verleumdung perfekt.

■ **Das Urteil:**

Über andere zu reden ist so alt wie die Welt und hat auch erfreuliche Effekte. Ein bisschen

Klatsch ist ganz normal, lustig und akzeptabel, egal in welchem Alter. Man sollte aber darauf achten, dass die Grenze zum Gemeinen, Ehrverletzenden nicht überschritten wird. Gerade Kinder, denen Beleidigungen und fantasievoll ausgeschmückte Geschichten so schnell über die Lippen gehen, sollten früh dafür sensibilisiert werden: „Wie würdest du dich wohl fühlen, wenn man so furchtbare Lügen über dich erzählen würde, dass keiner mehr mit dir spielen will?“ Oft reicht das schon aus, die wenigsten Kinder sind wirklich böswillig. Einsichtig geworden, könnten sie helfen, das gemobbte Kind in der Klasse wieder zu resozialisieren („Ach Quatsch, jetzt lass ihn doch mal in Ruhe!“). Falls aber nicht, sollte man den klatschsüchtigen Nachwuchs klipp und klar darüber informieren, dass sein Verhalten unter den Straftatbestand der üblen Nachrede oder Verleumdung fällt und im Erwachsenenleben mit Geld- oder Freiheitsstrafe vergolten werden könnte. Dass man diese gemeinen Geschichten auf keinen Fall mehr von ihm hören wollte (siehe: Vollrausch/Gefährdung einer Entziehungskur). Falls doch, hat das Kind den Peter und die Evelyn zu einem schönen Spielnachmittag nach Hause einzuladen. Das wäre sowieso eine gute Idee.

Jugendliche mobben ihresgleichen mittlerweile besonders gerne im Internet, wo sie etwa ein gefälschtes Nacktfoto der unbeliebten Klassenbesten mit der Unterzeile „Geile

Schlampe, treibt es mit jedem, am liebsten mit Biolehrer Dr. H“ für einen guten Witz halten. Gerade gab es übrigens ein Urteil, dass Eltern wegen Verletzung der Aufsichtspflicht, was ihre Kinder im Internet so treiben, belangt werden können.

Wird das eigene Kind, egal welchen Alters, Opfer von Rufmord, müssen sich die Eltern sofort mit Lehrern, „Feinden“ und deren Eltern zusammensetzen. Auch jugendstrafrechtliche Folgen müssen erwogen werden. Je früher, desto besser – jeder Tag kann für die Seele einer zu viel sein.

§ 248b StGB Unbefugter Gebrauch eines Fahrzeugs

(1) Wer ein Kraftfahrzeug oder ein Fahrrad gegen den Willen des Berechtigten in Gebrauch nimmt, wird mit Freiheitsstrafe bis zu drei Jahren oder mit Geldstrafe bestraft, wenn die Tat nicht in anderen Vorschriften mit schwererer Strafe bedroht ist.

(2) Der Versuch ist strafbar.

■ **Kindgerechte Anwendung:**
Die Täter sind hier meistens älter und stärker als die Geschädigten. Der Roller ist gerade kaputt, so „leiht" sich das Kind schnell den des anderen. Oder gleich das Fahrrad des Geschwisterchens. Oder das Bobby-Car. Oder die Rollerblades (Rollschuhe). Oder das Skateboard. Ohne zu fragen, denn die Antwort könnte ein klares NEIN! sein. Falls der Fahrzeugbesitzer trotz aller Heimlichkeit noch etwas merkt: „Kriegst du doch wieder!" Und der heulende Geschädigte läuft hinterher. Ebenso böse wie gefährlich: im Schwimmbad kleineren Kindern Gummireifen oder Schwimmbrett zu klauen, um damit zu „surfen", wenn die Wellenmaschine angeht.

■ Das Urteil:

1. Das Fahrzeug sofort mit guter Entschuldigung („Sonst wäre ich zum vierten Mal diese Woche zu spät zur Schule gekommen!") wiedergeben.

2. Zum Ausgleich das Fahrzeug für den Besitzer auf Hochglanz polieren und ölen. Kleineren auf Verlangen vielleicht eine Stunde Schwimmunterricht geben. Oder ihnen zeigen, wie man mit dem Skateboard nicht nur hochspringt, sondern auch zusammen wieder unbeschadet auf dem Boden landet.

§ 323c StGB Unterlassene Hilfeleistung

Wer bei Unglücksfällen oder gemeiner Gefahr oder Not nicht Hilfe leistet, obwohl dies erforderlich und ihm den Umständen nach zuzumuten, insbesondere ohne erhebliche eigene Gefahr und ohne Verletzung anderer wichtiger Pflichten möglich ist, wird mit Freiheitsstrafe bis zu einem Jahr oder mit Geldstrafe bestraft.

▪ **Kindgerechte Anwendung:**
Wo Kinder außerhalb des Teppichs zusammen spielen, kann es immer zu Unfällen kommen: Aus Spaß wird Ernst. Einer fällt vom Baum oder Klettergerüst, weil der andere ihn am Bein zog. Jetzt liegt er auf dem Rücken und bekommt keine Luft mehr. Einer schlägt mit dem Hinterkopf gegen die Wand und erleidet eine blutende Platzwunde, weil sein Freund spielerisch mit ihm gerungen hat. Zwei Mädchen machen ein Wettrennen mit ihren Rollern und eine kriegt die Kurve nicht. Ein Junge nimmt seinen Freund auf der Fahrradstange mit, der gerät mit dem Fuß in die Speichen und beide krachen hin.

Weil die meisten Kinder dann zu Recht Angst bekommen, sie könnten an den Verletzungen ihres Freundes mit „schuld" sein (siehe: fahrlässige Körperverletzung) und dafür bestraft werden, zögern sie trotz der echten Notlage oft, Hilfe zu holen. Bloß keine Zeugen.

Meistens stehen sie unsicher ein paar Schritte entfernt von dem weinenden Kind und hoffen, dass es sich schnell von alleine erholt. „Alles okay? Wir sagen keinem was, okay?“

- **Das Urteil:**

Kinder haben eigentlich ein feines Gespür, wann eine Situation oder Verletzung zu „schlimm“ ist, um sie zu verheimlichen oder alleine in den Griff zu kriegen. Man muss jedem Kind ganz deutlich machen, dass die Schuld, dann trotzdem keine Hilfe geholt zu haben, immer größer ist als eine eventuelle Mitschuld an dem Unfall.

Wenn das Kind Sie dann alarmiert, brüllen Sie den verdächtigten Verursacher nicht sofort an, auch wenn Sie das seelisch entlastet – er fühlt sich eh schon elend und sagt beim nächsten Mal vielleicht erst recht nicht Bescheid. Sagen Sie dem Kind, dass auch Erwachsene für unterlassene Hilfeleistung bestraft werden. Aber lassen Sie sich nicht mit dem Paragrafen erpressen: Es ist keine unterlassene Hilfeleistung, für ihren Achtjährigen nicht mehr seine Schnürsenkel zu schließen.

§ 202 StGB Verletzung des Briefgeheimnisses

(1) Wer unbefugt

1. einen verschlossenen Brief oder ein anderes verschlossenes Schriftstück, die nicht zu seiner Kenntnis bestimmt sind, öffnet oder

2. sich vom Inhalt eines solchen Schriftstücks ohne Öffnung des Verschlusses unter Anwendung technischer Mittel Kenntnis verschafft,

wird mit Freiheitsstrafe bis zu einem Jahr oder mit Geldstrafe bestraft, wenn die Tat nicht in § 206 mit Strafe bedroht ist.

(2) Ebenso wird bestraft, wer sich unbefugt vom Inhalt eines Schriftstücks, das nicht zu seiner Kenntnis bestimmt und durch ein verschlossenes Behältnis gegen Kenntnisnahme besonders gesichert ist, Kenntnis verschafft, nachdem er dazu das Behältnis geöffnet hat.

▪ **Kindgerechte Anwendung:**
Täter sind vor allem ältere Kinder mit krimineller Energie, die schon gut lesen können – sowohl an wen ein Schreiben gerichtet ist als auch von wem es kommt. Den Inhalt des spannenden Briefes an den Vater möchte man natürlich allzu gerne wissen. Oder was die Lehrerin wohl schreibt, die gestern in der Schule einen verschlossenen Umschlag „für deine ar-

men Eltern“ mitgegeben hat. Auch das kleine Schloss am rosa Tagebuch der Schwester ist für hämische Brüder natürlich ein Witz: Man muss in einer Informationsgesellschaft doch wohl wissen, was in der Familie vorgeht! Und kann die Schwester zudem mit dem Wissen über ihre geheimsten Gedanken und Gefühle schrecken (siehe Erpressung).

■ **Das Urteil:**
Elterliche Kommunikation in Form peinlicher rosa Post-it-Zettel „Du bist schon zu fett“ am Kühlschrank oder „Die letzte Nacht war wunderschön“ am Badezimmerspiegel sind offene Schriftstücke. Kinder dürfen sie legal lesen und ihre Schlüsse und Vorteile daraus ziehen. Ebenso wie bei Postkarten (wenn man die Schrift denn entziffern kann), auch wenn sie nicht explizit an das Kind gerichtet sind. Schließlich war der Inhalt „Super Wetter, gutes Essen, viele Grüße“ nicht durch ein geschlossenes Behältnis gegen Kenntnisnahme gesichert. Eine „Preview“ des blauen Briefes aus der Schule an die Eltern ist dagegen verboten, allerdings ist die Versuchung wirklich groß, sich vorab zu informieren, was da auf einen zukommt. Um eine Verletzung des Briefgeheimnisses auszuschließen, hätte die portosparende Lehrerin das Ding per Post schicken sollen. Das widerrechtliche Lesen eines fremden Tagebuches, um die geheimen Informationen auch noch zu benutzen, ist

natürlich rechtlich und moralisch inakzeptabel! Sollte das herauskommen (etwa beim nächsten Erpressungsversuch), ist für größere Kinder neben der Entschuldigung und dem Versprechen, alles sofort zu vergessen und nie darüber zu reden, eine Woche Computer- und E-Mail-Sperre fällig. In besonders schlimmen Fällen sollte man das Handy des Täters einkassieren und seine gesammelten SMS gemütlich in abendlicher Familienrunde vorlesen.

Vollrausch

§ 323a StGB

(1) Wer sich vorsätzlich oder fahrlässig durch alkoholische Getränke oder andere berauschende Mittel in einen Rausch versetzt, wird mit Freiheitsstrafe bis zu fünf Jahren oder mit Geldstrafe bestraft, wenn er in diesem Zustand eine rechtswidrige Tat begeht und ihretwegen nicht bestraft werden kann, weil er infolge des Rausches schuldunfähig war oder weil dies nicht auszuschließen ist.

(2) Die Strafe darf nicht schwerer sein als die Strafe, die für die im Rausch begangene Tat angedroht ist.

■ **Kindgerechte Anwendung:**
Also, gehen wir mal davon aus, dass sich das Kind nicht versehentlich wie Michel aus Lönneberga mit vergorenen Kirschen einen Rausch angefuttert hat. (Die heutige Entsprechung wäre wohl mit Mon Chéri angenascht). Aber heimlich über Stunden Computerspielen, obwohl es vorgibt, Hausaufgaben zu machen (siehe: Betrug), sich sämtliche Süßigkeiten im Hause, auch die der Geschwister, einzuverleiben (siehe: Diebstahl) und danach mit „Mann, ist mir schlecht" das gemeinsame Abendessen zu verweigern, oder die Flasche Coca-Cola auf ex zu trinken ist ähnlich illegal. Und dann nachts vor dem Bett der Eltern zu erscheinen: „Mama! Maaama! Ich kann nicht schlafen!"

■ **Das Urteil:**
Das Kind wird für die nächste Zeit auf Entzug seines „Suchtmittels“ gesetzt (siehe: Gefährdung einer Entziehungskur). Hat es seinen Geschwistern Süßigkeiten oder Ähnliches geklaut, muss es ihnen neue kaufen. Oder die Geschwister haben dafür einen Wunsch frei. Hat es berauscht vom „Vorbild“ kämpfender Computerspielfiguren etwas demoliert, muss es die Sache wieder in Ordnung bringen oder Schadenersatz zahlen. Hat es dafür kein Geld, kann es im Haushalt helfen und sich so etwas verdienen.

TV-Verbot ist übrigens keine Verletzung der Menschenwürde. Ausnahme, um das Kind nicht sozial zu benachteiligen: Übertragung der Fußball-EM oder -WM. Da sind dann auch mal Chips erlaubt, die sonst auf dem Fast-Food-Index stehen.

Für die ernsthafteren Fälle anbei die rechtlichen Fakten zum Thema Alkohol für die unter 18-Jährigen:

„Branntweinhaltige Getränke“ wie klare Schnäpse, Weinbrand, Liköre, Whiskey, Magenbitter, Cocktails, Pfläumlis, Wodka-Feige, Bier mit Schnaps und Mixgetränke mit Branntwein dürfen an Jugendliche (unter 18 Jahren) in der Öffentlichkeit nicht abgegeben werden und auch deren Konsum ist verboten – siehe § 9 Abs. 1 Nr. 1 JuSchG. Auch Lebensmittel, die Branntwein in „nicht nur geringfügiger

Menge“ enthalten, dürfen an unter 18-Jährige nicht abgegeben werden, zum Beispiel Eis mit Kirschwasser, Weinbrandbohnen oder Kakao und Kaffee mit Cognac.

Die bei Jugendlichen beliebten „Alcopops“ sind auch erst ab 18 Jahren erlaubt: Alle Getränke, die neben diversen Geschmacksstoffen (oft geruchsneutrale) Anteile von Wodka, Whiskey, Rum oder anderen hochprozentigen Alkohol enthalten, fallen unter das absolute Abgabe- und Trinkverbot für Minderjährige (unter 18 Jahren).

Oft besorgen Kumpels für ihre zu jungen Freunde/Freundinnen Bier, Wein oder Schnaps. Auch hier sind nach dem Jugendschutzgesetz die Altersgrenzen einzuhalten, Missachtung kann für die Weitergebenden ein ordentliches Bußgeld nach sich ziehen.

Wenn der Polizei Kinder oder Jugendliche alkoholisiert auffallen und anzunehmen ist, dass Eltern ihren Erziehungsaufgaben nicht nachkommen, kann es kostenpflichtige Verwarnungen für die Eltern durch das Jugendamt geben!

§ 199 StGB Wechselseitig begangene Beleidigungen

Wenn eine Beleidigung auf der Stelle erwidert wird, so kann der Richter beide Beleidiger oder einen derselben für straffrei erklären.

■ **Kindgerechte Anwendung:**
„Mensch, du bist so blöd, olle Pottsau!“

„Das musst du gerade sagen, du alter Wichser!“

„Das sag ich Mama!“

„Blöde Petze!“

„Selber!“

„Maaaaama!“

■ **Das Urteil:**
Na, dann ist die Sache ja erledigt. Die Verhandlung ist geschlossen. Geht spielen, aber bitte leise.

Wucher

§ 291 StGB

(1) Wer die Zwangslage, die Unerfahrenheit, den Mangel an Urteilsvermögen oder die erhebliche Willensschwäche eines anderen dadurch ausbeutet, dass er sich oder einem Dritten

1. für die Vermietung von Räumen zum Wohnen oder damit verbundene Nebenleistungen,
2. für die Gewährung eines Kredits,
3. für eine sonstige Leistung oder
4. für die Vermittlung einer der vorbezeichneten Leistungen Vermögensvorteile versprechen oder gewähren lässt, die in einem auffälligen Missverhältnis zu der Leistung oder deren Vermittlung stehen,

wird mit Freiheitsstrafe bis zu drei Jahren oder mit Geldstrafe bestraft.

■ **Kindgerechte Anwendung:**
Unerfahrenheit, Mangel an Urteilsvermögen und erhebliche Willensschwäche auszubeuten kommt im Umgang von Kindern miteinander regelmäßig vor. Ältere Kinder oder Geschwister spielen ihre überlegene Entwicklungsstufe meistens ohne Unrechtsbewusstsein aus: „Na und? Hat ihn ja keiner zu gezwungen! Wenn er mir das geben will ...“ Viertklässler lassen Erstklässler großmütig gegen einen überteuerten „Eintritt“ von fünf Wrestling-Chips in ihrer Runde mitspielen. Und natürlich kommen in den Augen geplagter Eltern die Preise

der Firma Panini für ihre Klebebildchen dem Wucher nahe: 5 Stück für 50 Cent, siehe auch: Gefährdung einer Entziehungskur.

■ Das Urteil:

Die Panini-Bildchen mit zusammengebissenen Zähnen kaufen, das Kind hat schließlich ein Recht auf Entfaltung der Persönlichkeit und der Meinungsäußerung, zudem ein Recht auf Gesellschaft und Freunde aller Art. Aber man sollte das Kind kostensparend zum regen Tauschen anhalten, statt ständig nachzukaufen („Och nö, schon wieder den Russen! Den hab ich schon drei Mal!"). Größeren Kindern klarmachen, dass ihr Verhalten nicht „clever" ist, sondern ziemlich gemein. Kleineren Übervorteilten verdeutlichen, dass sie ein Gefühl entwickeln sollten, wie viel ihnen eine Sache wert ist. Und dass die anderen sie übervorteilen. Dann kann das Kind besser entscheiden, ob es trotzdem noch mitspielen will: Aus Schaden wird man manchmal ja auch klug.

Kreativen Wucher kann man dagegen eher bewundern, statt bestrafen. So verkaufte ein Siebenjähriger erfolgreich 1-Cent-Stücke für 50 Cent; mit der Begründung, es handele sich dabei um „Glückscents".

Anfechtbarkeit wegen Täuschung oder Drohung

§ 123 BGB

(1) Wer zur Abgabe einer Willenserklärung durch arglistige Täuschung oder widerrechtlich durch Drohung bestimmt worden ist, kann die Erklärung anfechten.

(2) Hat ein Dritter die Täuschung verübt, so ist eine Erklärung, die einem anderen gegenüber abzugeben war, nur dann anfechtbar, wenn dieser die Täuschung kannte oder kennen musste. Soweit ein anderer als derjenige, welchem gegenüber die Erklärung abzugeben war, aus der Erklärung unmittelbar ein Recht erworben hat, ist die Erklärung ihm gegenüber anfechtbar, wenn er die Täuschung kannte oder kennen musste.

▪ **Kindgerechte Anwendung:**
„Und bist du nicht willig ...“ dann gebrauchen Geschwister auch gerne mal mehr oder weniger sanfte Gewalt. Die große Schwester soll die Mathehausaufgaben für ihren Bruder machen, weil er sonst allen erzählt, was er in ihrem Tagebuch über ihre brennende Liebe zu einem bestimmten Jakob gelesen hat? Ganz üble Drohung (siehe auch: Verletzung des Briefgeheimnisses)!

Räumt ein Kind heulend ganz alleine die Küche auf, weil seine Geschwister unisono beteuerten, die Mama hätte das wirklich so bestimmt, ehe sie zum Einkaufen gegangen ist – und bei Zuwiderhandlung würde die Lieblingssendung im Fernsehen gestrichen? Bös arglistige Täuschung (siehe auch: Betrug)!

■ **Das Urteil:**

Natürlich ist die brüderliche Drohung mit der Veröffentlichung intimster Gedanken absolut widerrechtlich, moralisch verabscheuungswürdig, einfach niederträchtig. Theoretisch sollte sich die Schwester dem also keinesfalls beugen. Praktisch sollte sie einfach mal ganz schnell seine Mathehausaufgaben erledigen und sich bei der nächsten Gelegenheit bitter dafür rächen – etwa, wenn sie heimlich seinen Mathelehrer informiert, er würde sie dazu zwingen, seine Aufgaben für ihn zu erledigen.

Das arme Küchenkind wird die Täuschung spätestens merken, wenn Mama vom Einkaufen zurückkehrt – und hat dann zwei Wochen dienstfrei, in denen die Geschwister alleine Tische wischen und Pfannen schrubben müssen.

Annahme an Erfüllungs statt

§ 364 BGB

(1) Das Schuldverhältnis erlischt, wenn der Gläubiger eine andere als die geschuldete Leistung an Erfüllungs statt annimmt.

(2) Übernimmt der Schuldner zum Zwecke der Befriedigung des Gläubigers diesem gegenüber eine neue Verbindlichkeit, so ist im Zweifel nicht anzunehmen, dass er die Verbindlichkeit an Erfüllungs statt übernimmt.

■ **Kindgerechte Anwendung:**
Es kommt häufig vor, dass ein Kind einem anderen spontan seine Puppe, seine Oma oder zehn Euro verspricht, wenn es dafür in diesem Moment mit dessen heiß begehrtem Nintendo, ferngesteuertem Hubschrauber oder Lego spielen darf. Wenn die Schuld irgendwann allerdings eingetrieben werden soll, tut ihm die Großzügigkeit seines Angebots leid:

„Nööö, das hab ich gar nicht gesagt!“
„Wohl! Hast du wohl versprochen!“
„Neee! Hab ich nicht.“
(siehe Betrug)

■ **Das Urteil:**
Erstens muss dem Kind klargemacht werden, dass man weder die Oma noch einen anderen Menschen verpfänden darf, es sei denn, man

entstammt einer Familie, die ihr Vermögen traditionell dem Menschenhandel verdankt. Zweitens muss man es für seinen Leichtsinn rügen – denn „Versprochen ist versprochen und wird eigentlich auch nicht gebrochen“. Das Kind erwartet von anderen Verlässlichkeit und sollte sich entsprechend auch so verhalten. Wenn es sein Versprechen dann immer noch nicht einlösen will, sollte man sich mit dem unglücklichen Schuldner und dem wütenden Gläubiger an einen Tisch setzen und über Ersatzleistungen verhandeln: Die Puppe/Oma bleibt da, dafür übernimmt das Kind Haushaltspflichten des anderen? Oder statt des Legos bekommt der Gläubiger drei Bücher, Kassetten, Hartgummi-Indianer oder etwas anderes. Zum guten Schluss sollten beide zufrieden sein – und in Zukunft mit Versprechungen vorsichtiger.

Beschränkte Geschäftsfähigkeit Minderjähriger

§ 106 BGB

Ein Minderjähriger, der das siebente Lebensjahr vollendet hat, ist nach Maßgabe der §§ 107 bis 113 in der Geschäftsfähigkeit beschränkt.

■ **Kindgerechte Anwendung:**

Ab sieben Jahren sind Kinder eingeschränkt geschäftsfähig. Das heißt, sie dürfen zwar endlich legal Brötchen erwerben, aber deshalb noch lange keine Firma gründen. Das gilt auch für Wunderkinder.

Mit den Konsumentscheidungen aus freiem Willen ist das in der Altersstufe von sieben bis 18 Jahren allerdings immer noch eine schwierige Sache – es braucht nicht nur einen freien, sondern vor allem einen sehr festen Willen, um sich Werbung und Modetrends zu verweigern. Der Wahn beim fieberhaften Sammeln von EM/Wilde Kerle/Hunde-Klebebildchen fürs Album, YU!GI!OH! oder Bella-Sara-Karten, Wrestlingchips, Überraschungsei-Figürchen oder Material über die Stars aus Highschool-Musicals kann durchaus als vorübergehende krankhafte Störung der Geistestätigkeit angesehen werden.

■ **Das Urteil:**

Gott sei Dank verschwindet diese fast immer genauso schnell wieder, wie sie gekommen ist.

Wägen Sie also immer ab, wie weit Sie Ihr Kind durch ein Besitzverbot oben genannter Dinge ins soziale Abseits stellen. Der Austausch von Karten und Klebebildchen bestimmt zeitweise das Sozialleben der Kinder völlig, denen mit zunehmendem Alter ihre Stellung in einer Gruppe Gleichaltriger immer wichtiger wird. Und immerhin entstehen so auch neue (Spiel) Kontakte, die über die Europameisterschaft hinaus bestehen bleiben: „Wollen wir tauschen?“ Erziehungsberechtigte sollten sich ihrer ablehnenden Meinung also sehr sicher sein und sie gut begründen können, ehe sie ihrem Kind diese Art von „Geschäften“ mit seinem Taschengeld untersagen. Sonst kann es sein, dass es ihnen auch viel später nicht dankbar dafür sein wird.

Beim Erwerb eines von vielen Kindern heiß ersehnten Tieres gelten eigene Regeln: Kinder dürfen bis zu ihrem 16. Lebensjahr nur mit Zustimmung des gesetzlichen Vertreters, das heißt ihrer Eltern oder der Sorgeberechtigten, ein Tier kaufen. In der Zoohandlung müssen sie zum Tierschutz eine entsprechende schriftliche Erlaubnis vorlegen. Übrigens – Urkundenfälschung ist auch verboten.

Geschäftsunfähigkeit

§ 104 BGB

Geschäftsunfähig ist:

1. *wer nicht das siebente Lebensjahr vollendet hat,*
2. *wer sich in einem die freie Willensbestimmung ausschließenden Zustand krankhafter Störung der Geistestätigkeit befindet, sofern nicht der Zustand seiner Natur nach ein vorübergehender ist.*

■ Kindgerechte Anwendung:

Rechtlich ist die Sache klar: Ein Kind unter sieben Jahren darf eigentlich nicht mal alleine Brötchen kaufen. Sollte mal tatsächlich ein Erziehungsberechtigter mit der Brötchentüte wieder beim Bäcker erscheinen und die Rückgabe des Geldes fordern, müsste der Bäcker dieses im Tausch für die mittlerweile kalten Brötchen herausrücken, denn: „Die Willenserklärungen Geschäftsunfähiger sind ausnahmslos nichtig."

■ Das Urteil:

Praktisch kommt diese Situation kaum vor. Die meisten Kinder unter sieben Jahren laufen in der Stadt sowieso nicht unbegleitet herum. Und Landkinder dürfen vielleicht alleine raus, haben aber nicht so viele fußläufige Gelegenheiten zum Shoppen. Falls Sie wirklich einer der Ersten sein wollen, der Kind und Brötchentüte zum Bäcker zurückbringt, sind Sie eventuell für eine lebenslange, schwere Bäckerphobie Ihres Nachwuchses verantwortlich (siehe: Körperverletzung). Wollen Sie das wirklich? Lassen Sie Ihr Kind ruhig „illegal“ Kleinigkeiten einkaufen, das übt seinen Umgang mit Geld und Worten. Freuen Sie sich an seinem Stolz, wenn es nach geglücktem Kaufvorgang siegreich mit der richtigen „Beute“ nach Hause kommt. Aber falls der oder die Kleine Omas heimliche Finanzspritze für in Ihren Augen widerwärtiges Zeug („WO HAST DU DAS DENN HER?!“) ausgegeben hat – giftiges Plastik aus China, brutale Comics oder Spiele, „Transformer“-Roboter, verfrühte Aufklärungsschriften wie die *Bravo* –, sind Sie durchaus berechtigt, ihm diese aus Fürsorgegründen wieder wegzunehmen. Vielleicht ist er Ihnen ja später tatsächlich einmal dankbar dafür.

Mangel der Ernstlichkeit

§ 118 BGB

Eine nicht ernstlich gemeinte Willenserklärung, die in der Erwartung abgegeben wird, der Mangel der Ernstlichkeit werde nicht verkannt werden, ist nichtig.

■ **Kindgerechte Anwendung:**

Ein Kind, das seiner Mami versprochen hat, mit dem Hamster das Parkett zu bohnern, wenn Deutschland die EM verliert, darf davon ausgehen, dieses Versprechen nicht einlösen zu müssen, weil selbst eine sehr dumme und tierfeindliche Mami eigentlich hätte schnallen müssen, dass dieses Angebot nicht ernst gemeint gewesen sein kann.

■ **Das Urteil:**

Egal, wie ernst die Lage ist – Kinder sind es selten. Was für ein Glück, dass obiger Paragraf sie vor allzu schlimmen Folgen dahingeblödelter „Willenserklärungen" schützt: Der Hamster bleibt im Rad.

§ 228 BGB Notstand

Wer eine fremde Sache beschädigt oder zerstört, um eine durch sie drohende Gefahr von sich oder einem anderen abzuwenden, handelt nicht widerrechtlich, wenn die Beschädigung oder die Zerstörung zur Abwendung der Gefahr erforderlich ist und der Schaden nicht außer Verhältnis zu der Gefahr steht. Hat der Handelnde die Gefahr verschuldet, so ist er zum Schadensersatz verpflichtet.

- **Kindgerechte Anwendung:**

Das Kind wird mit einem Stock angegriffen. Es wehrt ihn ab, entreißt dem Angreifer die Waffe und zerbricht sie in kleine Teile. Ein anderes Kind rauscht ins Zimmer seiner Schwester, die seit Stunden auf der Blockflöte übt, und knallt das Instrument gegen die Wand: „Ich hab schon dreimal geschrien, du sollst damit aufhören! Das ist ja Folter!“

- **Das Urteil:**

Selbst wenn es Opas historischer, polierter Wurzelholzwanderstock war – wenn das Opfer damit ernsthaft attackiert wird und die begründete Angst hat, solange der Stock in dieser Form existiert, wäre es in Gefahr, hat es das Recht, den Stock unschädlich zu machen. Hat der Angegriffene allerdings vorher den Stockträger mit einer Heugabel bedroht und damit den Stockangriff provoziert, kann er sich gleich im Internet auf die Suche nach einem identischen Ersatz machen oder sein Geld zusammenzählen.

Die Blockflöte wiederum kann zwar mehr als jedes andere Instrument als quälend empfunden werden, eine echte drohende Gefahr, der man nur durch ihre Zerstörung entkommen kann, stellt sie allerdings nicht dar. Der Bruder müsste sie also wieder in Ordnung bringen oder bei Totalschaden eine neue besorgen.

§ 227 BGB Notwehr

(1) Eine durch Notwehr gebotene Handlung ist nicht widerrechtlich.
(2) Notwehr ist diejenige Verteidigung, welche erforderlich ist, um einen gegenwärtigen rechtswidrigen Angriff von sich oder einem anderen abzuwenden.

▪ **Kindgerechte Anwendung:**
Jede Art des körperlichen Angriffs braucht man sich nicht gefallen zu lassen. Eine Warnung, bevor man zurückschlägt, wäre nett, vor allem wenn das Kind Karate kann (dann wird es allerdings so gut wie nie angegriffen).

Der übliche Fall: Ein Kind wird von hinten umklammert, am Bauch oder Hals. Natürlich hat es das Recht, sich durch einen Rücktritt zu befreien. Oder ein Kind wird in der Schule gehauen, es schlägt zurück und macht dabei die Brille seines Angreifers kaputt. Das Kind handelte in Notwehr, was seine Tat rechtfertigt. Hätte es aber ein „milderes Mittel" wählen müssen, also lieber nicht auf die Brille, sondern in den Magen boxen sollen? Es kommt hier auf die Verhältnismäßigkeit der Handlung an.

▪ **Das Urteil:**
Kinder sollten wissen, dass sie Angriffen so gut wie möglich ausweichen und, falls doch mal nötig, nicht übermäßig zurückschlagen

sollen. Die Verteidigung an sich ist aber wichtig für das Selbstbewusstsein und ein Sicherheitsgefühl, sie ist erlaubt.

Notwehr kann man gegen jede Art von Angriffen ausüben, nicht nur gegen tätliche. Dazu gehört auch das Hausrecht, bei Kindern Kinderzimmerrecht: Wer einen anderen vergeblich auffordert, sein Zimmer zu verlassen, darf Hausrecht ausüben und den andern notfalls mit angemessener Gewalt hinauswerfen.

§ 525 § 530 BGB Schenkung unter Auflage/ Widerruf der Schenkung

§ 525 Schenkung unter Auflage
(1) Wer eine Schenkung unter einer Auflage macht, kann die Vollziehung der Auflage verlangen, wenn er seinerseits geleistet hat.

§ 530 Widerruf der Schenkung
(1) Eine Schenkung kann widerrufen werden, wenn sich der Beschenkte durch eine schwere Verfehlung gegen den Schenker oder einen nahen Angehörigen des Schenkers groben Undankes schuldig macht.

- **Kindgerechte Anwendung:**

„Ihr seid so undankbar!", warfen ganze Elterngenerationen ihren Kindern enttäuscht vor. Heute traut sich das keiner mehr zu sagen, aber jeder denkt es bisweilen. Etwa, wenn die Eltern ihrem Sohn das ersehnte Computerspiel geschenkt haben, weil er behauptet hat, dann „immer" sein Zimmer aufzuräumen. Leider kommt er nun doch nicht zum Aufräumen, weil er in dem Spiel erst mal den nächsten Level erreichen muss. Irgendwann platzt seiner Mutter der Kragen und sie nimmt ihm das Spiel wieder weg, „bis man wenigstens den Zimmerfußboden wieder sehen kann!" Das Kind findet das total spießig, ungerecht und supersupergemein:

„Geschenkt ist geschenkt – und wiederholen ist gestohlen!“

■ **Das Urteil:**
Die Mutter handelt vielleicht supersupergemein, aber nicht ungerecht. Sie hat dem Sohn das teure Spiel schließlich nicht bedingungslos zum Geburtstag geschenkt, sondern für sein Versprechen, „immer“ das Zimmer aufzuräumen. Also handelt es sich nach §525 um eine „Schenkung unter Auflage“. Wenn der Junge dann die Auflage, sein Zimmer dafür immer = regelmäßig aufzuräumen, nicht einhält, ist seine enttäuschte Mutter sehr wohl berechtigt, ihm das Spiel wegen groben Undanks so lange vorzuenthalten, bis er seinen Teil der Abmachung erfüllt. Am besten klärt das Kind schnellstens, was seine Mutter unter „aufgeräumt“ versteht (auch Bett machen? Boden völlig frei von Spielzeug und Klamotten? etc.) und was „immer“ ist (täglich, alle zwei Tage, jedes Wochenende?). Dann zeigt sich die liebende Mutter auch sicher wieder dankbar und gibt das Spiel zurück.

§ 226 BGB Schikaneverbot

Die Ausübung eines Rechts ist unzulässig, wenn sie nur den Zweck haben kann, einem anderen Schaden zuzufügen.

■ **Kindgerechte Anwendung:**
Ach, Kinder können so bösartig zueinander sein. Mit anzusehen, wie die Konkurrenz (Brüder, Schwestern) um elterliche Liebe und Zuwendung von Mutter oder Vater „Anmecker kriegt", ist eine ihrer größten Freuden, weil sie sich dabei „besser" fühlen können. Größere Geschwister provozieren gerne jüngere „Thronräuber", indem sie einem, der bisher friedlich gespielt hat, so lange Gemeinheiten ins Ohr flüstern, bis der Kleine ausrastet, losbrüllt und haut. Der Schikanierer schreit einmal laut auf und weicht dann grinsend aus, bis fünf Sekunden später die Mutter hereingerauscht kommt. Dann reibt er mit kläglichem Gesicht Arm oder Bein: „Da hat er mich so doll gehauen! Ich wollte doch nur mit ihm spielen!" Kleinere stören im Gegenzug gern ihre großen Geschwister immer wieder bei den Hausaufgaben, bis der Schüler entnervt schreit: „Lass mich in Ruhe, du Blödmann! Verpiss dich endlich!" Wenn der Erziehungsberechtigte nachschaut, steht da sein unschuldiges Engelchen mit zitternder Unterlippe: „Ich wollte dem Paul doch nur helfen/was fragen/auch schreiben lernen!" Und die nicht kindergerichtgeschulte

Mutter nimmt den Intriganten tröstend in die Arme, zaubert für ihn ein Kinderschokolade-Überraschungsei aus dem Küchenschrank und zischt ihren Großen an: „Er hat ja wohl das Recht, in der Küche zu sein! Sei doch nicht immer so gemein zu dem Kleinen, Paul! Jetzt mach endlich deine Hausaufgaben und dann spielst du mit Jonas eine Runde „Obstgarten“ (pädagogisch wertvolle, nachhaltige Holzspielfiguren, endlos = quälend langweilig für alle über vier Jahre). Klarer Fall von Schikane!

- **Das Urteil:**

Wenn Ihnen Szenen wie diese vertraut vorkommen, bewahren Sie beim nächsten Alarm erst mal kühlen Kopf. Sehen Sie sich genau um, kann die Situation so eindeutig gewesen sein? Hat das armreibende Kind wirklich eine Verletzung? Hat das „Opfer“ ein kleines Lächeln um die Mundwinkel, wenn es glaubt, Sie könnten es nicht sehen (aber der Bruder umso besser)? Vorsicht! Dröseln Sie den Hergang nach Kindergerichtsschema auf, sichten Sie die Beweise. Dann verdonnern Sie beide zu gleichen Teilen zu einer langweiligen Aufgabe mit allen Schikanen. Wenn es keine Gewinner und Verlierer mehr gibt, wird ein Spiel schnell langweilig.

Die Sitzung ist geschlossen

Es war an einem sonnigen Mittag. Mein siebenjähriger Sohn kam aus der Schule nach Hause und rannte gleich weiter in den Garten. Dort bremste er schockiert: Bauarbeiter hatten in seiner Abwesenheit die hintere Hausfassade eingerüstet. Andere hatten grob Bretter auf sein blühendes Erdbeerbeet geworfen, eine Schneise durch die Hecke geschlagen und schoben schwungvoll Schubkarren mit Schutt darüber. Wut und Trauer irrlichterten abwechselnd über das Gesicht des Jungen. Nach meiner Erfahrung war er kurz vor dem Ausrasten, und ich trat näher, um seine tätliche Rache an den Bauarbeitern zu verhindern.

„Das müssen die alles wieder in Ordnung bringen", versuchte ich ihn zu trösten. Er dachte nach. Und entspannte sich.

„Oder sie müssen jede Menge Schadensersatz dafür zahlen", erwiderte er grimmig. Von diesem Gedanken aufgemuntert lief er zu seinem Kletterbaum. Ich konnte es kaum glauben.

Mittlerweile beschreitet unsere Familie seit einigen Monaten den Rechtsweg. Immer häufiger werde ich bei Verhandlungen gar nicht mehr gebraucht, die Kinder wenden das Prinzip Klage-Gegenklage – Wahrheitsfindung – Lösung im Streitfall selber an. Nur wenn sie sich nicht einigen können und noch einen „neutralen" Richterspruch brauchen, werde ich gefragt. Dabei habe ich gemerkt, dass sich ihre Argumentationen deutlich verbessert haben. Nun herrscht in unseren Kinderzimmern immer noch Unordnung, aber mit dem Rechtsfrieden sieht es ganz gut aus. Es ist deutlich ruhiger geworden.

Als ich zuerst begeistert befreundeten Müttern davon erzählte, waren die Reaktionen noch verhalten.

„Ist das nicht reaktionär?", rief eine entsetzt, die eben noch verzweifelt gestanden hatte, dem Sohn nach mehrmaligem Verbummeln seiner Sportsachen Zimmerarrest gegeben zu haben. „Was, Zimmerarrest? Das ist Freiheitsberaubung!", hielt ich dagegen. „Und wie, bitte, sollte das Kind durch verbittertes Auf-dem-Bett-Hocken lernen, besser auf seine Sportsachen aufzupassen? Sinnvoller wäre es doch, vom Wiederholungstäter Schadensersatz zu fordern!"

Das Kind müsse dabei (je nach Alter anteilig) sein Taschengeld für den Kauf neuer Sportsachen statt Wrestlingchips hergeben und so aktiv in die Verantwortung genommen werden. Habe das Kind kein Geld, könne der Betrag durch Mithilfe im Haushalt abgegolten werden.

Bald darauf bekam ich einen Anruf: „Also ... jedenfalls ... ich hab es einfach mal ausprobiert. Ich dachte ja, Jonathan würde total ausrasten, wenn ich Schadensersatz von ihm verlange, aber er fand das sehr logisch. Er hat mir zehn Euro gegeben und wir haben zusammen neue Sportsachen gekauft. Er wusste gar nicht, wie teuer die sind.“ Dass Jonathan dann längere Zeit dasselbe Sportzeug hatte, sprach sich herum.

Bald riefen mich einige andere Mütter an und klagten über das Fehlverhalten ihrer Kinder. Und ob sie recht hätten, sich darüber aufzuregen? Statt nur einen Ratgeber über das „Kindergericht“ zu schreiben, war ich plötzlich selber einer. Den schlimmsten Fall erkannte ich als groben Undank, der in vorläufiger Rücknahme eines Geschenkes endete (das bald darauf wegen guter Führung zurückgegeben werden konnte).

Vor allem der Wunder-Paragraf 1619 BGB machte schnell die Runde und wurde kopiert in Küchen aufgehängt: „Ein Kind ist, solange es dem elterlichen Hausstand angehört und von seinen Eltern erzogen und unterhalten wird, verpflichtet, in einer seinem Entwicklungsstand, seinen Kräften und seiner Lebensstellung entsprechenden Weise den Eltern in ihrem Hauswesen und in ihrem Geschäft Dienste zu leisten.“

Das hatte die Wirkung eines Zauberspruchs. Mein eigener Nachwuchs stand durch diese amtliche Ansage derartig unter Schock, dass er sein Zimmer schon lange aufgeräumt und zudem abgewaschen hatte, ehe er über die Definition seiner „Lebensstellung“ nachzudenken begann.

Im Freundeskreis getestet, brachen die Eltern vor Erleichterung in Tränen aus, die Kinder vor Entsetzen. Dann gingen sie ebenfalls aufräumen. Das Gefühl allgemeingültiger, höherer Gewalt war wirksamer als die Rebellion gegen eine willkürlich empfundene Anweisung ihrer „gemeinen“ Eltern.

Meine Tochter, zehn Jahre alt, findet das Prinzip Kindergericht gut. Sie urteilt so:

„Wenn man einen Streit normalerweise klären will, ist es ja meistens so, dass der eine sagt: DER hat angefangen, der andere sagt das aber genauso, und beide reden dann durcheinander und es ist keinem klar, wer angefangen hat und was die Ursache ist. Das „Kindergericht“ ist besser, weil jeder seine Version in Ruhe erzählt, ohne dass jemand dazwischenredet. Man glaubt erst mal trotzdem mehr an seine Version. Aber man versteht ein bisschen besser, wie der andere das eigentlich meinte. Beide Versionen zusammen sind dann die richtige Version der Geschichte. Und dann kann das Problem gerecht geregelt werden, weil man halt vorher die Wahrheit rausgekriegt hat. Ich finde das sehr wichtig, weil alle sind ja gleich viel wert, und damit alle Menschen gleich behandelt werden können.“

Nach diesem Schlussplädoyer will ich die Verhandlung schließen.

Literatur und Internetadressen

Bücher:
Born, Sigrid; Würth, Nicole: *(R) echt cool! Kinder fragen nach ihren Rechten – prominente Juristen antworten,* ars edition, 2004.
Gaschke, Susanne: *Die Erziehungskatastrophe – Kinder brauchen starke Eltern,* DVA, 2001.
Handel, Stephan: *Recht – Was geht mich das an?,* dtv, 2006.
Hasseln, Sigrun v.: *Jugendrechtsberater, ARD-Ratgeber Recht,* dtv, 2002.
Hasseln, Sigrun v.: *Rechtspädagogik – Von der Spaß- in die Rechts- und Verantwortungsgesellschaft,* Books on Demand, 2006.
Höcker, Ralf: *Lexikon der Rechtsirrtümer,* Ullstein, 2004.
Höcker, Ralf: *Neues Lexikon der Rechtsirrtümer,* Ullstein, 2005.
Juul, Jesper: *Was Familien trägt,* Kösel Verlag, 2006.
Kuchenbecker, Tanja: *Gluckenmafia gegen Karrierehühner,* Campus, 2007.
Lox, Harlinda; Lutkat, Sabine und Kluge, Dietrich (Hrsg.): *Dunkle Mächte im Märchen und was sie bannt – Recht und Gerechtigkeit im Märchen,* Königsfurt Verlag, 2007.
Maier, Corinne: *No kid. 40 Gründe, keine Kinder zu haben,* Rowohlt, 2008.
Wesel, Uwe: *Fast alles, was Recht ist, Jura für Nicht-Juristen,* Eichborn, 2007.

Winterhoff, Dr. Michael: *Warum unsere Kinder Tyrannen werden. Oder: Die Abschaffung der Kindheit,* Gütersloher Verlagshaus, 2008.

Artikel:

Barbara Weichs, „Das Ende des Gewalt-Tabus“, *Baby und Familie,* Mai 2008, S. 46/47.
Annette Lache, Kerstin Schneider u. a., „Los, erzieht mich!“, *stern,* Mai 2008, Nr. 22, S. 46–56.
Elke Schmitter, „Diktatur der Unschuldigen“, *Der Spiegel,* 20/2008,
S. 174.
Eva Tenzer, „Gerechtigkeit: Die Basis für Zufriedenheit“, *Psychologie heute,* Heft 5/2002.
Prof. Dr. Elsbeth Stern, „Wissen entscheidet über Erfolg“, *FAZ,* 21.5.2008, S. B3.
Heribert Prantl, „Paulinchen surft allein zu Haus“, *Süddeutsche Zeitung,* 27.6.2008.
Sonderheft „Gerechtigkeit“, *GEO,* Heft 10/2007.
„Kultivierung durch Gerichtsshows“ – wissenschaftliche Arbeit zur Erlangung des Grades Magister Artium von Barbara Thym.

Internetadressen:

www.hasseln.de
Website von Richterin Sigrun von Hasseln: Alles über Rechtskultur, Rechtspädagogik und Jugendrechtshäuser.

www.dejure.org
Sämtliche Gesetze und Gesetzestexte zum Nachschlagen.

www. bundesrecht.juris.de
Sämtliche Gesetze und Verordnungen zum Nachschlagen.
www.courttv.com
Echte Verbrecher! Echte Verbrechen! Die älteste amerikanische Show aus dem Gerichtssaal ist stolz darauf.

www.familienhandbuch.de
Das Online-Familienhandbuch des Staatsinstituts für Frühpädagogik (IFP). Interessante, gut geschriebene und nützliche Beiträge kompetenter Autoren zu allen Themen, die in einer Familie von Belang sind oder werden können.

www.podknast.de
Originalstimmen und Erkenntnisse aus dem Jugendknast Düsseldorf – zur Inspiration oder Abschreckung.

www.summerhillschool.co.uk
Die Legende lebt – A. S. Neills berühmte reformpädagogische Schule in Suffolk nimmt immer noch Schüler auf, darunter etliche aus Deutschland.

Wenn Sie mir Ihre persönlichen Erfahrungen mit dem „Kindergericht“ schildern möchten, schicken Sie bitte eine E-Mail an info@kindergericht.de oder besuchen Sie die Website www.kindergericht.de

Danksagung

Ich danke meinem Autorenversteher Thomas Hölzl von der Agentur Eggers und Landwehr.

Ich danke meinen Eltern, die mich nach jedem Verbrechen noch verteidigen würden.

Ich danke meinen geliebten Kindern, für die ich jedes Verbrechen begehen würde.

Ich danke meinem Mann und Co-Erziehungsberechtigten, Matthias.

Ich danke meinen Freundinnen und Freunden für ihre tägliche tätige Beihilfe zu meinem Glück.

Ich danke Meike Depken für ihren mütterlichen Rechtsbeistand in der Entstehungsphase dieses Buches.

Ich danke Martin Baaske für sein bestechendes Layout.

Ich danke meinen Lektorinnen Berrit Barlet und Dunja Reulein, deren Urteil im Namen des Heyne Verlages ich nahezu ohne Einspruch akzeptieren konnte.